Michael Jastrow

Praise the Lord!

Praise the Lord!

– Bestimmt zum Lob seiner Herrlichkeit –
Geschichten. Gebete. Gedanken.

Michael Jastrow

Bibliografische Information der Deutschen Nationalbibliothek:
Die Deutsche Nationalbibliothek verzeichnet diese Publikation in der
Deutschen Nationalbibliografie; detaillierte bibliografische Daten sind im
Internet über http://dnb.dnb.de abrufbar.

2., überarbeitete und erweiterte Auflage 2021 © Michael Jastrow

Umschlaggestaltung: Michael Jastrow

Lektorat: Gabi Jastrow, Heidi Jastrow

Herstellung und Verlag: BoD – Books on Demand, Norderstedt

ISBN: 978-3-7534-6011-6

Inhaltsverzeichnis

VORWORT

Dieses Buch möchte eine Einladung und Anleitung sein zu einem Leben als fröhlicher Christ: Mit Vertrauen im Herzen. Mit dem Lob Gottes auf den Lippen. Mit Hoffnung für die Kirche. Es lädt Menschen ein, die „mehr" möchten als nur einen „traditionellen" Glauben und eine „traditionelle" Form von (Landes-)Kirche. Es möchte Anstöße geben, einen dynamischen, alltagstragenden Glauben zu entwickeln und eine lebendige Kirche und Gemeinde „für heute und morgen" zu gestalten. Gegründet in Gottes kraftvollem Wort. Gebunden an Jesus Christus. Offen für das Wirken seines erneuernden Heiligen Geistes.

Die Geschichten, Gebete und Gedanken dieses Buches sollen darum Einladung und Ermutigung sein, unseren Gott zu ehren, ihn zu loben und zu preisen mit dem, was wir sind und haben – in unserem Alltag und mit unserem ganzen Leben. Wir dürfen leben in einer freien und fröhlichen Haltung von Hingabe und Anbetung. Denn als Gottes geliebte Kinder, als Söhne und Töchter unseres himmlischen Vaters, als Freunde und Nachfolger unseres Herrn und Heilandes Jesus Christus und Gefäße des Heiligen Geistes sind wir bestimmt zum „Lob seiner Herrlichkeit".

Praise the Lord!

GESCHICHTEN

Die meist autobiografischen Geschichten mitten aus dem Leben versuchen, etwas von dem ganz praktisch, konkret und alltagstauglich einzufangen und widerzuspiegeln, was es heißen könnte, mit dem, was wir sind und haben, zum „Lob seiner Herrlichkeit" bestimmt zu sein (Eph 1,12) und diese Bestimmung zwischen Geschenk und Herausforderung als frohe und freie Kinder Gottes zu leben. Sie möchten das Lob unseres großen und reichen, schönen und herrlichen wie heiligen Gottes sichtbar machen und zu einer tieferen Hingabe an ihn einladen und ermutigen.

Gott, warum Gott? (Prolog I)

„Gott breitet den Himmel aus und geht auf den Wogen des Meeres. Er macht den großen Wagen am Himmel und den Orion und das Siebengestirn und die Sterne des Südens" – Die Bibel ist voll solcher Worte und Bekenntnisse wie diesem aus dem Buch Hiob (Hiob 9,8-9).

„Gott? Warum Gott?" mag mancher aufgeklärte und „vernünftig denkende" Zeitgenosse sagen. „Ich sah ihn noch nie auf dem Meer wandern und der Sternenhimmel braucht keinen täglichen Dirigenten jenseits der Naturgesetze."

Ich möchte von meinem Freund Karl (Name geändert) erzählen. In den zurückliegenden 30 Jahren ist er mir zum echten Freund geworden. Wir haben zusammen gelacht. Wir haben zusammen geweint. Die Freundschaft hat nicht beim Geld aufgehört. Karl ist ein offener, liebenswerter und warmherziger Mensch. Wir würden sagen: Ein „guter" Mensch ohne Arg. Vor allem aber ist er ein beinharter Realist und knochenharter Atheist. An einen Gott zu glauben, ist für ihn abwegig und fremd. Er deutet seine Welt konsequent ohne Gott. Sein Leben funktioniert auch ohne ihn. Ich habe hohen Respekt vor diesem Lebensentwurf. Denn er wird auch dann nicht weich, wenn es im Leben eng wird. Er fängt auch in Krankheit nicht an zu jammern und zu sagen: „Jetzt hilft Beten vielleicht doch!" Manchmal ist er ein bisschen wehmütig über sein fortschreitendes Alter und die abnehmende Zahl seiner Tage. Aber das unterscheidet ihn sicher nicht grundsätzlich von einem Glaubenden, von einem Christen.

Wir können schweigend neben einander stehen und in den klaren Sternenhimmel schauen. Ich schaue nach oben, sehe die überwältigende Schönheit der Schöpfung. Erkenne den Schöpfer in seinem Werk. Staune, wie weise er alles geordnet hat. Für mich kann es keinen anderen Schluss geben. So komplex und kompliziert. So filigran und fantastisch vom Größten bis zum Kleinsten. Nein: Ich kann all das nicht denken ohne einen intelligenten Designer, einen großartigen Architekten, ohne diesen göttlichen Planer und grandiosen Visionär, der all das erdachte und in seiner Vollkommenheit wollte. Ich spüre, wie aus meinem Innern unwillkürlich ein Lied aufsteigt: „Du großer Gott, wenn ich die Welt betrachte, die du geschaffen durch dein Allmachtswort". Meine Seele möchte einfach seinen Gott loben!

Auch Karl schaut nach oben, sieht in den sternenklaren Nachthimmel. Genießt den fantastischen Anblick, den Zauber der Nacht und die Magie des Universums. Es gibt diesen Raum in seinem Leben für das Staunen und die Romantik, denn auch er ist natürlich ein fühlender Mensch. Doch dass da „irgendwo hinter dem Sternenzelt ein gütiger Vater wohnen könnte" – das kommt ihm nicht in den Sinn. Es zählen für ihn allein die Erkenntnisse der Naturwissenschaften mit ihren Naturgesetzen, die Prinzipien des Zufalls und der Evolution. Wir sehen beide dasselbe und erkennen doch jeder etwas grundlegend anderes. Weil ich inzwischen angefangen habe zu singen, stimmt auch er mit ein: „Drum jauchzt mein Herz, dir großer Herrscher zu. Wie groß bist du. Wie groß bist du." Er kennt dieses Lied. Natürlich. Er liebt dieses Lied seit vielen Jahren. Weil es ein schönes und anrührendes Stück Musik ist. Eine der großen und alten Hymnen seiner schwedischen Heimat: „O store Gud!"

Doch Karl lebt in einem tiefen Zwiespalt. Als Pastor bin ich für ihn per se ein notorischer Lügner. Er spricht das auch offen aus. Ich predige von Berufswegen und gegen Bezahlung etwas, das in seinen Augen einfach nicht wahr sein kann. Dennoch erlebt er mich als Mensch und Freund (und Christ?) offensichtlich so authentisch und glaubwürdig, dass er ohne zu

Zögern öffentlich im Radio sagen kann, ich gehöre zu den drei Menschen (außerhalb seiner engsten Familie), denen er am meisten vertraut.

„Wie dumm muss man sein, an einen Gott zu glauben?" ist seine These, die er dann selbst sofort mit einem Kopfschütteln quittiert. Für ihn lassen Verstand und Vernunft, Intellekt und Logik keinen anderen Schluss zu. Wohl wissend, dass meine mir von ihm zugeschriebene „Dummheit des Glaubens" wohl eher eine „naive Dümmlichkeit" sein müsse. Denn ich bin ja ein universitätsstudierter und doppelt examinierter Geisteswissenschaftler. Der sich aber offensichtlich weigert, den Verstand nur richtig zu gebrauchen. Dennoch fragt er mich und andere „überzeugte" Christen immer wieder danach, warum wir denn glauben, was wir uns davon versprechen. Doch immer endet es mit einem Kopfschütteln. Manchmal lächelt er es dann weg. Manchmal verdüstert sich sein Gesicht aber auch für einen Augenblick.

Gibt es Menschen, die einfach nicht glauben können? – Ich kann darauf keine letzte Antwort geben. In meinen langen Berufsjahren als Pastor habe ich immer wieder Menschen getroffen, die nicht glauben wollten. Sie sagten, sie könnten nicht. Etwa aufgrund von Verletzungen oder Schicksalsschlägen. „Wenn Gott das so in meinem Leben oder in dieser Welt zulässt, dann kann ich nicht an ihn glauben!" Doch die ehrliche Antwort würde heißen: „Dann will ich nicht an ihn glauben." Unser Wille spielt eine bestimmende Rolle. Wir glauben nur, was wir glauben wollen. Oft auch gegen die Faktenlage oder wider besseren Wissens. Wir folgen nicht immer den Regeln der Vernunft und der Logik. Einmal abgesehen davon, dass die Vernunft ohnehin eine „Hure" (M. Luther) sein kann und kein absoluter Wert an sich ist. Sie ist immer nur ein Werkzeug! Wir erliegen nur zu gern der Versuchung, uns die Welt so zu denken, wie es uns entgegenkommt. Wer kann schon sagen, dass er gänzlich frei wäre von diesem „Pippi-Langstrumpf-Prinzip"!

Mir blutet manchmal das Herz, wenn ich auf Menschen wie meinen Freund Karl treffe. Die nicht glauben können oder nicht glauben wollen. Ich möchte so gern mit ihnen teilen, was der Glaube an Gott mir bedeutet, was Jesus mir für mein Leben gibt. Denn lange, bevor es den Berufsgläubigen und „Herrn Pastor" gab, gab es den Menschen und Christen Michael Jastrow. Vor allem der möchte so gerne teilen, was das Vertrauen auf Jesus, den Christus, uns allen und jedem einzelnen geben kann. Die Erfahrung der Vaterliebe Gottes. Unser inneres Zuhause bei ihm. Die Erfahrung von Vergebung. Der warme Mantel der Gnade. Die Erfahrung eines tiefen Friedens. Meine Seele darf zur Ruhe kommen. Eine neue Freiheit zu leben. Eine Quelle der Lebensfreude, des Trostes, der Geborgenheit, die in uns aufbricht und die unser Leben begleitet. Ja, ich weiß: Wir Christen müssten erlöster aussehen und all dies viel fröhlicher leben! Diese Kritik lasse ich mir gefallen. Aber das muss kein Hinderungsgrund sein, nicht selbst auf die Suche zu gehen. Zu suchen und zu finden.

Gott lässt uns die Freiheit. Zu glauben oder nicht zu glauben. Wir sind keine fremdgesteuerten Marionetten. Wir sind ein echtes und freies Gegenüber seiner Liebe. Darum erzwingt er keinen Glauben, keinen Gehorsam, keine Anbetung. Er zwingt nicht. Er nötigt nicht. Er erpresst nicht. Gott lässt uns alle Freiheit, ihm zu vertrauen – oder eben auch nicht. Aber er möchte uns locken: „Wer sucht, der findet" (Mt 7,7). In Jesus, dem Christus, will der lebendige Gott sich von uns finden lassen. Hier möchte er uns begegnen. Hier möchte er uns nahekommen. Als liebender Vater. Als versöhnender Christus. Als befreiender Heiliger Geist. Wer sich auf den Weg macht, dem wird er entgegenkommen. Dem wird er sich zu erkennen geben. Schon im Alten Testament findet sich Gottes leidenschaftliche Einladung, sein blutendes Herz (Jes 65,1): „Ich wäre (sogar) zu erreichen gewesen für die, die nicht nach mir fragten. Ich wäre zu finden gewesen (selbst) für die, die nicht nach mir suchten. Ich sagte zu Menschen, die meinen Namen nicht anriefen: Hier bin ich. Hier bin ich!".

Was hindert dich zu glauben? Was hindert dich, Jesus zu vertrauen? – Wenn dich dein Verstand daran hindert, dann lockere den eisenharten Griff der Vernunft für einen Augenblick. Man stürzt nicht gleich in Dummheit ab! Aber man kann ein Stück Freiheit gewinnen, diese Welt aus einem neuen und anderen Blickwinkel zu sehen. Jenseits seiner bisherigen Urteile und Vorurteile. Ich bin überzeugt davon, dass wir auf Gott hin angelegt sind. Dass es in uns ein „Tiefenwissen" und eine „Herzensahnung" davon gibt, dass Gott unser ergänzendes Gegenüber und unser eigentliches Zuhause ist. Die Antwort auf alle Sehnsucht und Heimatlosigkeit. „Verlorenheit" nennt die Bibel das. Dieses Wissen kann verschüttet sein. Vielleicht haben wir nicht nur Gott vergessen. Vielleicht haben wir sogar vergessen, dass wir Gott vergessen haben. Doch wie auch immer: Gott selbst ist auf der Suche nach uns. Lass dich von ihm finden! Gib ihm die Chance, sich dir zu zeigen!

In der Schule hatte ich einen klasse Naturwissenschaftler als Biolehrer. Er hat mir die Wahl zwischen Theologie und Biologie als Berufsperspektive nicht leichtgemacht. Ein toller Mensch – und man ahnt es schon – ein echter Atheist! Einmal gewährte er einem jungen Mann aus seiner Familie einige Tage „Asyl", weil dieser sein Leben in Ruhe neu ordnen wollte. Dazu las er im Neuen Testament. Eine gute Wahl! Denn: „Als er eines Tages zum Frühstück herunterkam", erzählte eben dieser Lehrer, „war er verändert. Man konnte es spüren: Wenn es Gott gibt, dann war er ihm begegnet, dann hatte er ihn gefunden."

Der große Gärtner (Prolog II)

Ich liebe die Paradiesgeschichte von den ersten Seiten der Bibel. Ihre tiefen Bilder und bleibenden Wahrheiten (Gen 2 und 3). Sie erzählt von „Gott, dem großen Gärtner". Lust- und liebevoll legt er seinen großen und genialen Schöpfungsgarten an. Den Garten „Eden", den Garten der Freude, der Himmel und Erde paradiesisch vereint. In der Mitte der „Baum des Lebens". Tag für Tag schafft er in diesem Garten etwas Neues, um es am Abend zu betrachten und zu sagen: Ja, es ist gut geworden. In aller Freiheit wird davon erzählt, wie Gott mit eigenen Händen in der feuchten Erde wühlt. Aus einem Lehmkloss den Menschen nach seinem Ebenbild als Mann und Frau gestaltet. Ihnen den Atem des Lebens einbläst. Am siebenten Tag, dem biblischen Sabbat und Ruhetag, blickt er voller Zufriedenheit auf seinen Garten und sagt: Nein, es ist nicht nur gut geworden. Ja, es ist sehr gut geworden (Gen 1,31).

Was immer du über das Gärtnern denkst oder möglicherweise am Gärtnern liebst: Man sagt, das Arbeiten und Sein im Garten habe eine entspannende, entschleunigende und ausgleichende Wirkung. Eine ursprüngliche und archaische, therapeutische und heilende Komponente. „Dumme rennen. Kluge warten. Weise gehen in den Garten." sagt ein geflügeltes Wort. Also:

Glücklich ist der zu nennen, der einen Garten hat – einen Hausgarten, einen Kleingarten oder auch nur einen Stadtbalkon!

Ich bin gern im Garten. Ich gärtnere gern. Vor allem im Urlaub. Mit den Händen in der Erde zu wühlen. In unserem ursprünglichen Grundelement, aus dem wir einst kamen und zu dem wir einmal zurückkehren werden. Ich liebe es, zu säen und zu pflanzen. Zu schneiden und zu formen. Und natürlich zu ernten! Aber eines liebe ich noch mehr als die Arbeit selbst: Den Genuss des Fertigen. Die Freude am Schönen. Zu sehen, wie die Pflanzen wachsen. Zu schauen, wie Knospen sich öffnen und Blätter sich entfalten. Zu beobachten, wie die Bienen Nektar sammeln oder die Fische im Teich einfach nur herumspielen. Ja, ich freue mich, wenn die Gartenarbeit erledigt ist. Denn dann ist Zeit zu genießen. Zeit zur „Muße".

Die Paradiesgeschichte erzählt davon, dass „Gott, der große Gärtner" seinen Schöpfungsgarten weder aus purer Langeweile noch allein um seiner selbst willen anlegte. Dieser Garten sollte ein Ort der Begegnung sein. Heimat für den Menschen und Ort der Begegnung mit ihm: Gott, dem Schöpfer. Diese alten fantastischen Worte und Bilder der Bibel erzeugen bei mir immer wieder ein Stück Gänsehaut: „Am Abend, als es kühl geworden war, schritt Gott der Herr gegen den Tagewind einher durch den Garten und rief: Adam (Mensch), wo bist du?" (Gen 3,8+9). Gott sucht seinen Garten auf. Auf der Suche nach dem Menschen, ihm zu begegnen, ihm nahe zu sein, Zeit mit ihm zu teilen. Die Bibel atmet das von der ersten Seite an: Die Sehnsucht Gottes nach uns. Seine Leidenschaft für uns. Wir Menschen: Das Gegenüber seiner schöpferischen Liebe – und dieser Liebe wert!

Eines Tages aber heißt es: „Als Adam hörte, dass Gott am Abend, als es kühl geworden war, gegen den Tagewind durch den Garten einherschritt, da versteckte er sich mit seiner Frau vor dem Angesicht Gottes, des Herrn." Zwischen gestern und heute war etwas geschehen. Du weißt schon: Die dumme Sache mit dem Apfel! (Oder welche Frucht es auch immer war.) Etwas war zerbrochen. Adam konnte Gott nicht mehr ins Gesicht sehen. Fühlte sich nackt und bloß, der offenen Begegnung mit Gott nicht mehr gewachsen. Ein gutes Versteck im dichten Gebüsch schien ihm sicherer.

Kannst du Gott ins Gesicht sehen, seinem Blick standhalten? – Ich erinnere mich an die Worte eines Menschen, die mir lange nachgegangen sind. Er sagte, von sich überzeugt: „Ich habe keinen Grund, mich vor Gott zu verstecken. Ich bin ein stolzer und aufrechter Mensch. Ich beuge mich vor niemandem. Ich werde mit erhobenem Haupt und gerade im Kreuz vor Gott treten und für mein Leben einstehen." – Ich bin mir nicht so sicher, ob das wirklich funktionieren wird. Wenn wir einmal „von Angesicht zu Angesicht" in den Spiegel der Heiligkeit Gottes schauen werden, dann werden wir schnell erkennen, dass Gott wirklich „Gott, der Herr" ist. Nicht nur irgendein Gegenüber auf Augenhöhe, vor dem ich die Muskeln spielen lassen oder mir selbst auf die Schulter klopfen könnte. So einfach wird es nicht sein.

Darum hat auch Gott es sich nicht so einfach gemacht. Wir wissen es und wir spüren es jeden Tag neu: Wir leben nicht mehr im Garten Eden. Vertrieben finden wir uns wieder in einer Welt voller Angst und Schmerz, in der wir uns nur allzu oft nackt und bloß, ohnmächtig und ausgeliefert fühlen. Diese Welt ist wahrlich kein Paradies, kein Himmel auf Erden. Immer zugleich Garten der Freude und des Leids. Doch Gott möchte uns zurückholen. In die Gemeinschaft mit ihm. In seine Nähe. In die Geborgenheit seiner Liebe. Darum hat auch er den Himmel verlassen. Ist uns in Jesus, dem Christus, quasi nachgereist. Mitten in die Verlorenheit dieser Welt hinein. Hat am Kreuz von Golgatha die Schuld und Sünde, die Rebellion und den Zerbruch der Gemeinschaft und der innigen Nähe gesühnt. Den Weg geöffnet, zu ihm zurückkehren zu können. „Den Himmel wolltest Du nur mit uns. Darum brachtest Du, Jesus, ihn her. Die Schuld war groß, die Liebe größer. Nichts trennt uns jemals von Dir.", heißt es in dem Hillsong-Lied „What a beautiful name", das ich nicht mehr aus Kopf und Herz bekomme. Denn das bedeutet nichts weniger als: Wer Jesus vertraut, hat die klare Option auf den Himmel, auf das kommende Paradies, auf den neuen Garten Eden.

Wo kann ich meinen Gott finden, ihm begegnen? Oder: Wo findet er mich? Gefährlich, gefährlich, wird mancher jetzt denken, wenn ich sage: In deinem Garten! In Bad Balkonien, Bad Meingarten oder Bad Kleingarten. Im großen Schöpfungsgarten, der Natur. In Feld, Wald und Flur. An Strand, Meer und Gebirge. Man kann unseren Gott dort treffen! Wir können uns auch jenseits von Kirchenmauern genau dort von ihm finden lassen. Seine Spuren und seine Stimme in der Schöpfung erkennen. Oh, ich liebe es, in aller „Herrgottsfrühe" am Ufer eines Sees zu stehen, um durch die Nebelschwaden die aufgehende Sonne zu beobachten. Das berührt mich. Das veranlasst mich zum Loben und zum Singen. In solchen Augenblicken findet Gott mich. In solchen Momenten lasse ich mich von ihm finden.

Unsere Welt spiegelt immer noch etwas von der ursprünglichen Schönheit der Schöpfung und lustvollen Leidenschaft des großen Gärtners wieder. Aber sie ist zugleich geprägt und belastet von Schmerz und Zerbruch. Der Apfel hatte Folgen. Die Antwort darauf finden wir nicht da draußen in der Natur. Hoffnung und Heilung für unser Leben und diese Welt gehen allein von dem aus, der sich uns im geschriebenen Wort unseres Gottes zeigt: Jesus Christus.

Das Angebot, das Jesus uns macht, können wir nicht in der Natur finden oder aus der Schöpfung herauslesen: Gott möchte uns „Vater" sein. Himmlischer Vater. Im Paradies war er „Gott, der Herr", der „Schöpfer und große Gärtner". Hier auf dieser Erde und mitten in unserem so schönen wie zerbrechlichen Leben möchte er uns „Vater" sein. Das ist kein Titel. Das ist eine Beziehung. „Abba, lieber Vater", dürfen wir sagen und beten. Welch ein Vorrecht! Was für eine Nähe! Welch ein Ausdruck und Spiegel seiner Liebe zu uns!

Dies war die größte Entdeckung meines Lebens. Die Antwort auf meine ganz persönliche Lebensfrage. Ich habe lange gebraucht, für mich zu entdecken, dass die Vaterliebe Gottes nicht nur ein leeres Wort oder eine abgegriffene Phrase ist, sondern eine erfahrbare, kraftvolle, lebensverändernde und heilende Realität.

Jesus lädt dich ein. Mit den Bildern der Paradiesgeschichte gesprochen: „Komm heraus aus den Verstecken deines Lebens!" Du darfst dich Gott zeigen. Jesus wird vergeben und heilen, was dich von deinem Gott trennt. Der Apfel ist Geschichte! Er wird dir deine Angst und Scham nehmen, dich neu einkleiden als „Sohn und Tochter deines himmlischen Vaters". Denn der heilige Gott möchte auch dir zum liebenden Vater werden. Mit dir in dieser vertrauten Nähe und innigen Beziehung leben. Nicht irgendwann einmal in ferner Zukunft. Er möchte es schon heute.

Das ist noch nicht der Himmel auf Erden. Das ist noch nicht das Paradies mitten in dieser Zeit. Aber es ist schon heute der himmlische Vorgeschmack auf das, was einmal als neuer „Garten Eden" paradiesisch kommen wird. Denn auch am Ende aller Zeit steht nichts anderes als ein neugeschaffener, großer und fantastischer Garten Gottes (Offb 22, 1-2): Gott wohnt und regiert in der „Stadt des Friedens". Von ihm selbst geht ein kristallklarer Strom des „Wasser des Lebens" aus, an dessen Ufern üppige und heilende „Bäume des Lebens" wachsen. Gott kann nicht aus seiner Haut: Er ist und bleibt „der große Gärtner"!

„Verschenkt euch selbst als lebendiges und heiliges Opfer, das Gott gefällt."
(nach Römer 12)

Ovation

„Soli Deo Gloria" so überschrieb einst Johann Sebastian Bach all seine Werke und ließ keinen Zweifel daran, wem Ruhm und Ehre, Ovationen, Beifall und Applaus seiner Musik gelten sollten. Als Sechzehnjähriger lernte ich das Gitarre spielen auf einer hellen Yamaha, einer durchaus brauchbaren Gitarre der unteren Mittelklasse. Schnell wurde ich im Wankendorfer Jugendchor eingesetzt oder spielte im Jugendkreis mit. Wir entdeckten den Lobpreis. Oft durfte ich ihn an den Jugendabenden, in unseren Lobpreisgottesdiensten und an den evangelistischen Abenden der Bibelwochen leiten. Eingeladen zum Abschlussgottesdienst eines Grundkurses wechselten wir irgendwann nach Neumünster und blieben dort. Treu erfüllte die Gitarre jahrelang ihren Dienst in den sonntäglichen Lobpreisgottesdiensten der großen Anscharkirche. Sie war sich nicht zu schade, immer herumgeschleppt zu werden, sich Blessuren einzuhandeln, manch begabtem oder unbegabtem Anfänger Unterricht zu geben, damit das Lob Gottes sich verbreiten konnte.

Ein kleiner Höhepunkt dieser Karriere war ein Regionaltreffen, an dem 650 Menschen eben auch zu dieser Gitarre sangen. Von hier nahm ich eine wichtige menschliche Erkenntnis und zugleich eine tiefe geistliche Wahrheit mit: Gott gebraucht das Schwache, Kleine und Geringe. Wo wir schwach werden, kann er durch uns stark sein. Es sind nicht nur unsere glänzenden und großartigen Möglichkeiten, auf die wir möglicherweise auch zu Recht stolz sind, die Gott zuerst und ausschließlich gebrauchen und in ein noch helleres Licht setzen möchte. Er fragt danach, ob wir ihm auch das Geringe und Begrenzte vertrauensvoll und mit Hingabe zur Verfügung stellen, das wir selbst vielleicht als kaum ausreichend ansehen, damit er es für sich gebrauchen kann. Das gefällt ihm! Das kann und will er nutzen, zu seiner Zeit an seinem Ort. (Wenn du allerdings spürst, dass du trotzdem auf Dauer nicht richtig ankommst, dann sei ehrlich zu dir selbst: Wahrscheinlich ist dies nicht Gottes Zeit oder Gottes Ort für dich.) Denn die Wahrheit war auch: Wir waren musikalisch sehr begrenzt und eigentlich Stümper. Der dortige A-Musiker lachte so manches Mal über uns. Er änderte seine Meinung erst viel später, als er ernsthaft erkrankte und einen anderen Blickwinkel bekam.

Gott ließ immer wieder genau aus diesem Wenigen und Kleinen einen herrlichen und himmlischen Lobpreis mit Momenten echter Anbetung wachsen. Es sind nicht unsere mangelnden Begabungen, die Gott begrenzen. Er kann die Grenzen erweitern. Gottes Geist ist eine neuschöpfende Kraft. Es ist vor allem unser Stolz, mit dem wir ihn begrenzen. Es ist unsere menschliche Hybris, Überheblichkeit und Eitelkeit, die uns oft selbst wie auch seinem Handeln durch uns im Wege steht. Übrigens, auch Feigheit oder Verweigerung kann eine Form dieses Stolzes sein! All das muss in unserem Leben bearbeitet und kleiner werden, soll Gott uns gebrauchen können. So erging es auch mir, als ich voller Stolz über die übervolle Kirche an jenem besagten Regionaltreffen trotz routiniert fehlendem Lampenfiebers doch beim ersten Lied einfach nicht den Ton finden konnte. Gott weiß schon, wie er mit mir umgehen muss, wie er es machen muss. Dennoch erfüllte sich an diesem Abend ein kleines prophetisches Versprechen, das er mir sechs Jahre zuvor in einem nächtlichen Bild gegeben hatte: Wir würden eine große Kirche mit Lobpreis füllen und Gottes Geist würde segnend dort sein.

Als es dann Zeit wurde für eine neue Gitarre, durfte es auch eine etwas Bessere sein. Sagen wir, eine richtig gute, eine Traumgitarre. Nachfolgerin wurde „die" Kultgitarre der 70er und 80ger Jahre – eine echte amerikanische Ovation in einem Originalkoffer, schmales Griffbrett, Kunststoffkorpus mit unverkennbarem Schallloch und Hals, der Ton Phosphor-Bronze light. Sündhaft teuer. Überall und immer im Fernsehen zu sehen und seit Barclay-James-Harvests „Hymn" (hier allerdings mit 12 Saiten) in jedermanns Ohr mit ihrem einzigartigen und unverwechselbaren Ton. Ich fasste einen Entschluss: Diese Gitarre sollte ausschließlich dem Lob Gottes gewidmet sein. Kein anderes Lied würde ich je auf ihr spielen wollen. So sollte es tatsächlich auch mehr als 25 Jahre lang kommen. Nicht jeder verstand das, die Konfirmanden und Jugendlichen am Lagerfeuer meckerten manchmal, wenn ich sie bat, es doch zu unterlassen, anderes Liedgut auf dieser Gitarre zu spielen. Der Ton dieser Gitarre gehörte eben einem anderen. Natürlich wurden gerne Ovationen, Beifall und Applaus entgegengenommen, etwa bei den Konzerten der Jugendband „Himmlische Dröhnung". Doch der eigentliche Ruhm und die Ehre dahinter galten immer dem anderen, Jesus, dem Christus. Vor allem wenn die Gitarre wirklich zuerst und bewusst für ihn spielte, war die Musik oft besonders gut und gesegnet. Es fiel immer noch genug Anerkennung und Beifall für uns Musikanten ab. Gott gibt gern weiter an uns, wenn wir ihn die Nummer Eins sein lassen.

Zu meinem 50. Geburtstag bekam ich einen lang gehegten Wunsch erfüllt: eine schwarze Gitarre, wieder eine Yamaha. Quasi zur Einweihung des Instrumentes auf der Geburtstagsfeier wurde noch einmal die alte Band zusammengetrommelt. Wir sangen *"I have made my decision and I have staked my claim. I will serve the Lord"*. Auch diese Gitarre steht so ganz in der Tradition der beiden anderen. Sie macht nun direkt mit Jugendlichen zwar etwas weniger Musik, füllt aber hin und wieder noch die Kropper Dorfkirche. Sie möchte auch hier nichts anderes, als Menschen mit in das Lob und die Anbetung unseres großen und guten Gottes hineinzunehmen. Als Gegenstück zur Bibel hat auch sie ihren Platz in der anderen Hand des Predigers gefunden. Soli Deo Gloria.

Des Meisters Sessel

"Wer soll ihn einmal bekommen?" war die große Frage. „Wer soll ihn einmal bekommen, wenn Vater nicht mehr ist?", ihn, den großen Sessel, einen Stilsessel aus den 60iger Jahren, das Meisterstück des Polsterers. Stolz war er immer auf ihn gewesen. Gehütet hatte er ihn wie seinen Augapfel, am Zeichentisch entworfen, einem Tischler in Auftrag gegeben, ihn eigenhändig aufgebaut mit Naturfasern und mit einem langlebigen Stoff bezogen, beige in Streifen. Den schweren Stoff hatte er sorgsam gefaltet und kunstvoll gezogen mit Knöpfen. Wahrhaft ein Meisterstück.

In unserer Kindheit stand er zuerst im Esszimmer unseres Elternhauses in der Dorfstraße. In stürmischen Winternächten, wenn der Strom ausfiel, wie es damals aufgrund der Überlandleitungen noch oft geschah, oder wenn sich der Sommerhimmel verdunkelte, draußen der Donner grollte und die Blitze uns erschreckten, dann gab er uns Schutz und Geborgenheit. Wir saßen in diesem Sessel auf Vaters oder Mutters Schoß. Dort konnte uns nichts geschehen. Hier waren wir sicher. Hier fühlten wir uns geborgen. Hier wurden wir getröstet.

Ob auch Vater sich in solchen Augenblicken manchmal daran erinnerte, wie er just und „zufällig" bei den Vorbereitungen zu seiner Meisterprüfung seine junge Liebe und spätere Ehefrau zum ersten Mal traf? Opa war ein gestandener Buchhalter, der dem aufstrebenden Gesellen nur zu gern bei sich zu Hause die Grundlagen der kaufmännischen Buchführung erklärte. Lange Abende. Ein Schelm, wer sich etwas dabei denkt.

Eines aber konnte der Meister gar nicht leiden und quittierte den Ungehorsam der Kinder gern mit einem schmerzhaften Kniff in den Arm: wenn wir die guten und mühsam handverknüpften Stahlfedern in der Sitzfläche zu unseren Sprungfedern machten und fröhlich Trampolin spielten oder wenn wir auf die hohe Sitzlehne krabbelten, um von dort herunterzuspringen. Selbst das Herumtoben oder Herumkriechen auf den opulenten und in unseren Augen sehr stabilen Armlehnen war ein Tabu. Der Sessel sollte möglichst vor jeglichem Schaden bewahrt bleiben.

Irgendwann fand er dann seinen Platz im ruhigeren Wohnzimmer. Solitär stehend im Gegenüber zur Sitzgruppe und zur elektrischen Orgel. Darüber der Meisterbrief. Irgendwie war dies Vaters kleines Reich. Hier fanden auch das Akkordeon und die Trompete ihren Platz. Als sei die Musik das Gegenstück zum Sessel. Die Musik, die er ausschließlich zur Ehre Gottes machte. Wenn Vater sich zurückzog, um einen Augenblick Ruhe zu haben, fand man ihn oft in diesem Sessel. Einfach nur ruhig dasitzend. Der Meister in seinem Sessel. Doch war gerade dieser Sessel noch auf eine andere Art durch viele Jahrzehnte ein Meistersessel. Ob noch im Berufsleben in aller Herrgottsfrühe und später dann im Ruhestand hielt er genau dort seine Stille Zeit. Jeden Tag. Ohne Ausnahme. 365 Tage im Jahr. Er las im Wort Gottes, Brot des Lebens für den neuen Tag. Dann kniete er vor dem Sessel und betete - für sich, für seine Familie, für viele andere. Zeit der persönlichen Begegnung mit Jesus, den auch er seinen „Meister" (wie Luther es übersetzt) nennen konnte und nennen wollte. Er schöpfte Kraft aus dieser Begegnung von Meister zu Meister. Der Sessel war sein Ort dazu zeit seines Lebens, solange er konnte.

Doch wer von den vier Kindern sollte ihn nun einmal bekommen, wenn Vater nicht mehr sein würde? Für die beiden Jungs war die Sache klar: die beiden Mädchen schon einmal nicht. Beiden hatte er, quasi als Aussteuer, im Laufe der Zeit einen kleineren und schmaleren Damensessel gebaut, ungefähr im selben Stil. Blieben die Jungs. Natürlich erhob der Älteste den Anspruch darauf. Als Erstgeborener! Das aber ließ der andere nicht gelten. Schließlich sei er beruflich als Raumausstatter mit Schwerpunkt Polsterei irgendwie in Vaters Fußstapfen getreten. Er würde das Erbe am besten bewahren und ehren können. Guter Rat war teuer. Vater zu fragen, trauten wir uns nicht. Vermutlich hätte er sich auch um eine klare Entscheidung herumgedrückt.

„Würdest du diesen Sessel noch einmal bauen?" Fast unverschämt stand die Frage auf einmal im Raum. Der Meister war inzwischen 75 Jahre alt, die oft schmerzenden Finger und Hände wollten auch nicht mehr ganz so, wie sie eigentlich immer noch sollten. Die Antwort ließ nicht lange auf sich warten, wenn auch unter leisem Vorbehalt. „Wo finden wir einen Tischler, der uns das Gestell bauen kann?" Dieser war schneller gefunden als gedacht. Auch er ein richtig alter Meister mit Erfahrung in alter Handwerkskunst. Gesagt, getan. In wenigen Wochen war das Gestell inklusive einiger Nachbesserungen fertig. Es berührte mich schon ein wenig, als der Tischler ein bisschen verlegen mir leise zuflüsterte: „Michel, wenn du später in dem Sessel sitzt, denkst du dann manchmal auch an mich?" (Warum in aller Welt verschlucken die Plattdeutschen bloß immer das „a" in meinem Namen?) Seine persönliche Widmung schrieb er, wie es sich für diese Zunft gehört, mit seinem Bleistift auf das rohe Holz. Doch auch die Kopie des Meisterbriefs des Polsterers und die Baupläne fanden ihren Platz verborgen in der Rückenlehne des nachgebauten Sessels. Ob sie dort irgendwann einmal irgendjemand entdecken wird? Schade eigentlich, dass er diese Geschichte dazu vermutlich wohl nicht kennen wird.

So konnten wir alle unserem Bruder mit fröhlichem Herzen und gutem Gewissen den alten Meistersessel überlassen. Jeder war mit seinem Erbteil zufrieden und kann es sein, voll und ganz. Denn jeder hatte jetzt sein ganz eigenes handgefertigtes Erb- und Erinnerungsstück des Meisters und Vaters. Immerhin kann so das Original vielleicht auch noch eine Generation weiter auf direktem Wege an den einzigen Enkel übergegeben werden, wieder vom Vater auf den Sohn wie einst vom Großvater auf den Vater. Doch jeder Sessel hat eben seine ganz eigene unverwechselbare Geschichte. Mögen die beiden Sessel auch äußerlich fast gleich sein, die Geschichten sind es nicht. Der neue muss seine Geschichte erst noch schreiben. Bisher steht er „nur" vor dem Fernseher und dient als Feierabendsessel vor dem Schlafengehen. Auch wenn er seinen Platz als Ort der Begegnung mit dem großen Meister Jesus noch nicht gefunden hat und vielleicht so wie der alte nie finden wird, mit einem guten Glas Whisky in der Hand gehen die Gedanken doch immer mal wieder zurück an die beiden anderen alten Meister, den Polsterer Kurt und Tischler Adolf, und an das, was sie uns hinterlassen haben, als Menschen und als Vorbilder im Glauben.

Das alte Akkordeon

Es muss 1954 gewesen sein. Kurt, der junge Handwerksgeselle von 25 Jahren in einer Kieler Autosattlerei, hatte es sich im Grunde vom Mund abgespart. Wichtiger war es ihm gewesen als viele andere notwendige Einrichtungsgegenstände oder gar Konsumgüter, die in den ersten schweren und schwierigen Jahren nach dem Krieg für die pommersche Flüchtlingsfamilie, die alles verloren hatte, ziemlich knapp waren. Doch zumindest Mangelernährung und Nissenhütte waren überwunden. Das Leben hatte wieder eine Perspektive. Darum wurde es zum Lob und zur Ehre Gottes gekauft und gehegt und gepflegt, bis er es weitergab: das alte Akkordeon, ein Hohner Atlantic III mit 120 Bässen in einem denkbar hässlichen braunen Koffer.

Mit diesem Akkordeon ging es außer Haus. Am Sonntag war es in der freikirchlichen Kieler Gemeinde im Einsatz, in der in den Gottesdiensten Chor und Gemeindegesang begleitet wurden und in der Sonntagschule im Keller die fröhlich-lauten Kinderstimmen. Manchmal gemeinsam mit Gustav, der ein ebensolches Akkordeon sein Eigen nennen konnte. Taufgottesdienste am offenen Ostseestrand inklusive. Chorusse und Heilslieder waren das Metier. Mit dem Akkordeon ging es dann auch nicht nur in die „Stunden" (heute sagen wir „Hauskreise") auf die Dörfer – zum Beispiel nach Gettorf und Surendorf. Ganz praktisch, denn hier konnte die manchmal mitreisende, wachsende Familie an warmen Sonntagen anschließend gleich in die kühle Ostsee springen. Es erklang auch immer wieder in der Kieler Fußgängerzone, nicht als herkömmliche Straßenmusik „für ein paar Kröten", sondern als fröhliche Einladung zum Glauben an Jesus, den Christus. Es war das Musik- und Missionsinstrument der Stunde.
Trotz aller Sorgfalt trug es die ein oder andere Blessur bei diesen Außeneinsätzen davon, und die durchgescheuerten Lederriemen mussten häufiger erneuert werden. Doch selbst ein kleiner Bruch im Corpus machte es nur umso wertvoller. Auch die kleinen musikalischen Fehler und Unebenheiten durch verknöchernde und mit den Jahren immer steifer

werdende arthritische Finger und Hände schadeten seinem Ansehen nicht. Wer und was ist schon perfekt und könnte es jemals sein?

All das war später ein paar Jahre in Vergessenheit geraten, gerade weil Kurt es in seinen letzten Lebensjahren seinen Kindern doch schwer machte, und andere Bilder und Gefühle das Denkmuster über ihn bestimmten. Ich schämte mich ein bisschen, als die Pastorin in der Traueransprache auch an diese Zeiten und eben die evangelistischen Seiten seines Lebens erinnerte und damit an das und „den", der ihm Zeit seines Lebens von Herzen und im innersten Herzen wirklich wichtig gewesen war: Jesus Christus. Der Herr und Heiland.

Doch ich denke, seine volle Kraft hat das alte Akkordeon immer und vor allem zu Weihnachten entfaltet, unter dem Tannenbaum mit seinen stets weißen Kugeln und rund um die vertraute Weihnachtsgeschichte des Lukas, die Kurt stets aus der altehrwürdigen Lutherübersetzung mit leicht brüchiger Stimme auf seine ganz eigene Art vorlas. „Es begab sich aber zu der Zeit …". Dann wurde gemeinsam gesungen, natürlich auswendig, eben mit und zu diesem Akkordeon: eine Tradition von Kindheit an, geduldig vor den Geschenken, die auch die Pubertät und Jugendjahre der vier heranwachsenden Kinder schadlos und unverändert überstand. Es gehörte einfach dazu. Dann war endlich Weihnachten; oft nach allen offiziellen Einsätzen und Engagements mit Krippenspiel und Posaunenchor am Heilig Abend. Wenn das Akkordeon erklang, waren wir „angekommen": am Weihnachtsabend, an der Krippe.

In dem Jahr, als Mutter so früh starb, klang es nicht so laut, aber es spielte dennoch seine Musik, die Himmel und Erde verband. Es war auch dieses Instrument, das immer wieder pünktlich zum Weihnachtsabend „nach Hause" in die Dorfstraße zurückkehrte und zurückkehren musste. Es war jener besondere, warme Klang, der nicht vom Heiligen Abend zu trennen war und ohne den es einfach nicht Weihnachten werden konnte; auch nicht in den Jahren, in denen der älteste Sohn mit eben jenem Akkordeon leihweise auf Reisen sein durfte durch die adventlichen Seniorenfeiern seiner Gemeinde, weil die Menschen doch gemeinsam singen wollten und zwar eben jene alten und vertrauten Advents- und Weihnachtslieder, die auch sie schon seit Kindheit kannten. Am Heilig Abend aber kehrte es immer nach Hause zurück.

Erst mit rund 75 Jahren wurde Kurt dieses Instrument doch langsam zu schwer, er wechselte auf ein leichteres. Leichter wurde dadurch auch der Akkordeonunterricht, den er unermüdlich anderen gab, damit auch sie zu Weihnachten singen und spielen konnten. So ging das altehrwürdige Instrument irgendwann ganz auf den ältesten Sohn über. Doch seinen Platz am Weihnachtsabend hat es alle Jahre behalten, immer dort, wo gemeinsam Weihnachten gefeiert wurde: bei den Eltern, bei den Schwiegereltern. Als wir aufgrund von Blitzeis und Müdigkeit am Heilig Abend einmal zu Hause bleiben mussten und gleich im Bett verschwanden, wurde es dennoch zuvor für ein paar heimliche Minuten im Arbeitszimmer hervorgezogen, auch ganz allein hinter verschlossener Tür. Es ging und es geht einfach nicht ohne.

Eine große Karriere im eigentlichen Sinn hat das alte Akkordeon nicht gemacht. Es hat keine Konzerte gegeben, kein Orchester geformt, kein Geld eingespielt, keinen öffentlichen Ruhm geerntet. Es hat nie zum Tanz aufgespielt, nie richtig „Mucke gemacht" (wie es so schön auf Neudeutsch heißt), und schaffte es wahrscheinlich nie mit einem Foto bis in die Zeitung. Es hat nie das Rampenlicht gesucht. Es hat gedient. Einfach nur gedient - schlicht und einfach, aber mit Freude. Und es hat einladende Freude verbreitet und geschenkt, zu Weihnachten in der eigenen Familie, den Menschen, die dadurch selbst das Musizieren lernten, um Traditionen weiterzutragen und den Christen, für die es zur richtigen Zeit einfach am richtigen Ort war.

Es hat auch die große Kropper Dorfkirche gesehen, als es die Jugendband „Himmlische Dröhnung" zu „Liebe Gott, deinen Herrn" begleitete oder in versteckten und ruhigen Augenblicken der Vorweihnachtszeit, in denen gerade niemand in der dennoch warmen Kirche war – nur der Tannenbaum schon so schön geschmückt dastand. Welch ein Klang! Welch ein Genuss! Ganz für sich und nur für sich allein.

Hat so ein altes Akkordeon noch Träume? Würde es auch noch einmal öffentlich in einem richtigen Weihnachtsgottesdienst spielen wollen, wenn echtes Publikum da wäre, wenn einmal die Orgel schweigen oder der Organist verhindert sein würde? Dazu würde die Kraft sicher noch lange reichen, selbst mit seinen mehr als 66 Jahren. Auch wenn der Bass dann und wann ein bisschen schwächelt, so wie das ein oder andere Register schon mal hakt. Doch ich bin sicher: Es würde auch den Nachfolger akzeptieren, auch wenn dieser auf den Tasten und Knöpfen nicht so gelehrt und gelenkig ist wie einst der Vater. Nur zur Unterhaltung und Belustigung schunkelnder Menschen und Senioren ließe es sich sicher nicht mehr hinreißen. Warum auch? Es weiß, wo es zu Hause ist. Es kennt seine Geschichte. Es verkündet seine Botschaft: „Heute ist euch der Heiland geboren. Christ der Retter ist da!"

„Wir sahen seine Herrlichkeit, voll Gnade und Wahrheit." (aus Johannes 1)

Mein Weihnachten

Weinachten? Mein persönliches Weihnachten? Warum sollte ich verschweigen, dass ich am Heilig Abend nur zu gern Gottesdienste halte? Mit möglichst vielen Menschen und einer randvollen Kirche! Warum sollte ich einen Hehl daraus machen, dass ich das gute Essen am Heilig Abend liebe? Am liebsten Karpfen blau oder im Zweifel auch die Gans, weil mein Schwager einfach keinen Kochfisch mag. Ich liebe es, den Abend einfach in wohltuender Ruhe im Kreis meiner Familie zu verbringen, mit meiner Frau, fernab von jedem Termin und jeder Hektik, mit meiner Schwiegermutter. Solange wir sie noch haben, sind auch die 70 Kilometer Anfahrt mit dem „bösen" SUV nicht zu viel. Sie ist es wert – Greta T. zum Trotz. Ich liebe es, den Abend mit meinen Schwestern zu verbringen, wenn sie nicht gerade im Ausland unterwegs sind. Denn in Indien ist es sommerlich warm, und die Menschen feiern fröhlich und ausgelassen auf der Straße. Große Geschenke machen den Kohl an diesem Abend nicht mehr fett, auch wenn ich den zu erwartenden Hunderter im Kuvert noch nie zurückgegeben habe wie auch kein Marzipanbrot, geschweige denn die „himmlischen" Heidesandplätzchen meiner Schwester. Die sind wirklich „Plätten", und auf den Zähnen nicht nur Heide und Sand. So wird der Weihnachtsabend immer wieder schön. Wir feiern ihn mit unseren gewohnten und immer wiederkehrenden Traditionen und Ritualen. Schlicht und doch besonders.

Doch fasst all das schon den besonderen „weihnachtlichen" Augenblick, den Zauber der Heiligen Nacht, in dem meine Welt für einen kurzen Moment in Ordnung ist? Es heute auch sein darf? Wo das Mühen und Warten sich gelohnt hat, die innersten Wünsche und Sehnsüchte erfüllt sind?

Ich spüre, dass ich immer dann am Weihnachtsabend wirklich angekommen bin, wenn endlich das alte Akkordeon herausgeholt wird, wir gemeinsam zu seinen warmen Tönen „Stille Nacht" singen mit der Botschaft „Christ, der Retter ist da!". Wenn wir dann noch einmal und manchmal zum vierten Mal, aber nun ganz und nur für uns, die vertraute Geburtsgeschichte aus dem Lukasevangelium, Kapitel 2, lesen, die Worte wie zum ersten Mal hören und aufsaugen: „Fürchtet euch nicht. Euch ist heute der Retter geboren!". Wenn wir dann miteinander beten, mit verhaltenen Tränen in den Augen, ihn, Jesus den Christus, neu zu uns einladen in unsere Herzen und Häuser, zu unseren Familien und Freunden, zu den Menschen, die uns am Herzen liegen, dann wird Weihnachten zu meinem ganz eigenen Weihnachten und zum Weihnachten für mich. Real und wahr und spürbar. In all seiner Kraft, in seinem Glanz und seiner Wärme.

„Aus seiner Fülle haben wir genommen Gnade um Gnade." (aus Johannes 1)

Der Obstgarten

Träume, Wünsche und Hoffnungen – manchmal werden sie auf unerwarteten Wegen wahr. Aufgewachsen und verwurzelt im Plöner Land hatte ich mir immer ein kleines Stück Land gewünscht, um dort einen Obstgarten anzulegen, genau hier in der Nähe unseres kleinen Sees, auf fruchtbarem Boden im gemäßigten Holsteiner Klima. Die familiären Voraussetzungen waren dazu eigentlich ideal, der Schwager hatte die richtige Wiese dafür. Doch irgendwie kam es nicht dazu. Ich wurde als junger Pastor nach Kropp geschickt auf die hohe, trockene und sandige Geest – weit weg vom schönen Holsteinland. Der Gedanke ließ nach, der

Wunsch trat mit den Jahren in den Hintergrund. Zeit und Kraft wurden für anderes gebraucht. Ein paar Obstgehölze im Pastoratsgarten, mehr schlecht als recht. Mehr war nicht drin. Mehr wuchs hier auch nicht. Sei es drum. Irgendwann würden wir das Pastorat mit seinem Garten ohnehin wieder verlassen müssen.

Erst als wir ein paar Jahre später mit einem kleinen Ferienhaus in unserem Lieblingsurlaubsland Schweden „sesshaft" wurden, erwachte mit Leidenschaft der alte Wunsch wieder: Ein Obstgarten! Hier? Sind wir nicht viel zu weit im Norden, mit einem viel zu harten Klima? Doch ein Baum unserer Nachbarin machte Mut. Ein Pfirsichbaum! So weit im Norden? Unter diesen Bedingungen? Wenn er hier wachsen kann und bis zu 500 reife Früchte gibt, dann würde auch anderes hier wachsen und wachsen können. Nein, das beste Land hatten wir nicht erwählt. In unserer Straße erwischten wir sogar mit Abstand den schlechtesten Grund und Boden. Große Felsen und Steinplatten unter einer denkbar dünnen Humusschicht, dazwischen immer wieder Abraumgeröll aus dem Steinbruch. Eigentlich zu unfruchtbar und viel zu trocken in den warmen Sommerperioden wie den winterlichen Frostzeiten. Dennoch: Wir pflanzten und wässerten unermüdlich, schützten Bäume und Sträucher so gut es ging gegen Wildverbiss. Manch jungen Baum wie neuen Strauch verloren wir dennoch an das Damwild. Nicht alles konnten wir über trockene Zeiten oder vor Wühlmäusen retten. Wir gewannen und wir verloren.

Das Klima aber meinte es gut mit uns, spannte sich segnend über uns aus. Unwissend hatten wir uns eine besonders milde und bevorzugte Zone ausgesucht. Wetter und Kleinklima werden zwischen Binnenmeer und Plateauberg ausgemacht, immer zu unseren Gunsten mit mehr Sonne und Wärme unter oft blauem Himmel, als man es vermuten und Schweden zutrauen würde. So wurde es genau dieser Obstgarten, unerwartet an einem anderen Ort und zu einer anderen Zeit, der uns Jahr für Jahr beschenkt: mit Blaubeeren, wie man sich es für und von Schweden wünscht, mit schwarzen Johannisbeeren, die einen vorzüglichen Likör ergeben, mit Äpfeln, die lange in den Winter hinein halten, mit Quitten, deren Gewicht der Baum oft nicht tragen kann. Was das Herz sich wünscht, bis hin zu Sanddorn, Zwergpfirsichen und manchmal Mengen an süß-sauren

Weintrauben! Nicht gibt es immer alles und in jedem Jahr gleich, doch immer wieder überraschend und oft überaus reich beschenkend. So, wie das Jahr es geben kann und gerade schenken möchte. Dankbar nehmen wir die Gaben unseres Obstgartens an, die Geschenke unseres Schöpfers aus seiner guten Schöpfung, und staunend, was uns unerwartet zu einer anderen Zeit an einem anderen Ort geschenkt wurde. Unsere Träume, Wünsche und Hoffnungen – Gott kennt sie, selbst, wenn wir sie fast vergessen haben. Geben wir ihm Raum, dann wird er seinen Weg mit uns gehen. Er wird überraschen. Er wird segnen. Zu seiner Zeit an seinem Ort. Gott lässt sich nicht lumpen.

„Ich habe dich je und je geliebt und dich zu mir gezogen aus lauter Güte."
(nach Jeremia 31)

Mein Apfelbaum

In unserem Pastoratsgarten stand ein Apfelbaum. Er war nicht besonders groß, ein bisschen krüppelig, und besonders schmackhafte Äpfel trug er auch nicht. „Nimm ihn weg und pflanze etwas anderes", sagte der Gärtner, „Kropp ist kein Boden für Apfelbäume. Die werden hier nichts." In der Tat war dies mehr als Spökenkiekerei. Sandiger, unfruchtbarer Geestboden auf der flach verlaufenden harten Karstschicht unter nur fünf Zentimetern Humus – wie sollte das was werden? Die Apfelbäume kommen damit nicht gut zurecht, bekommen kranke Stellen am Stamm und oft fleckige Äpfel. Doch ich behielt diesen Baum. Er war eben mein Baum. Darum liebte ich ihn. Ich drohte ihm nicht: „Wenn du nicht, dann …". Ich düngte ihn und wässerte ihn, wenn nötig. Beschnitt ihn, so gut ich konnte. Er durfte sein, wie er war. Manchmal beschenkte er uns mit besseren Äpfeln, manchmal mit schlechteren. So, wie er gerade konnte. Irgendwann überlebte er einen zu heißen und trockenen Sommer nicht. Schade. Ich trauerte eine Zeitlang um „meinen" Baum. Sollte ich jetzt einen neuen Apfel- oder gar einen ganz anderen und „besseren" Obstbaum pflanzen? Ich zögerte. Dann wurde in der Nähe eine Kaserne aufgelöst. Ich bekam einen Apfelbaum angeboten, der dort von den Soldaten gepflanzt, schon einige Jahre zu nahe an einer Wand gestanden hatte. Keine edle Sorte, nicht besonders groß, ein bisschen krüppelig und auch er ohne echte schmackhafte Äpfel. Doch als ich von ihm hörte, verliebte ich mich in ihn. Er sollte nicht einfach abgehauen und entsorgt werden, sondern seinen Platz in meinem Garten finden, wenn er es denn wollte, wenn er sich dort einwurzelte, dem unfruchtbaren sandigen Geestboden mit der flachverlaufenden harten Karstschicht zum Trotz. Er sollte Zukunft haben. Denn er hatte es verdient – um seiner selbst willen. Heute beschenkt er uns jedes Jahr mit Äpfeln, mal mit besseren, mal mit schlechteren. So, wie er gerade kann. Er ist, wie er ist. Dieser Baum. Und er darf so sein, wie er ist. Der Baum. Dieser Baum. Mein Apfelbaum.

„Ich habe euch erwählt, dass ihr Frucht bringt und eure Frucht bleibt." (nach Johannes 15)

In vino veritas

Drei Körbe mit Weintrauben stehen auf dem Altar zum Erntedankfest. Im ersten Korb sind makellose Trauben aus dem Geschäft: süß und fruchtig zugleich, natürlich ohne hinderliche Kerne. Sie haben eine gleichmäßige ansprechende Farbe, einen guten Geruch, eine knackige Konsistenz. Wenn man sie nicht gleich vernascht, was für einen qualitätsvollen Wein könnte man aus diesen wirklich makellosen Trauben machen!? Im zweiten Korb befindet sich die sogenannte „norddeutsche Ernte": zugige Südlage im Blutbuchenhalbschatten auf trockenem Sandboden in der Kropper Schulstraße. Die ungleichen Beeren sind eher klein und hart und von unentschlossener Farbe. Natürlich sind sie sauer und voller Kerne. Ich habe sie gepflegt, so gut ich konnte, aber sie würden nie für einen guten Wein reichen. Ich muss mich mit nachgesüßtem Traubensaft und gekochtem Weinbeerengelee zufrieden geben. Im dritten Glas sieht man (ehrlich gesagt) Gammelbeeren. Stinklinge nannte mein Professor an der Uni sie. Stinklinge vergammeln, bevor sie reif werden. Niemand steckt sich diese Dinger freiwillig in den Mund. Pelzig vom Mehltau, saftlos im geschmacklosen Fruchtfleisch bestehen sie im Grunde nur aus ekliger Pelle mit vertrockneten Kernen. Die Dinger kann man nur ausspucken. Stinklinge eben. Wertloser Gammel für den Misthaufen. Wenn es darum ginge, aus diesen drei Sorten einen Wein zu keltern, dann wäre die Wahl wohl klar: die beste Traube für den besten Wein.

Doch vielleicht gibt es noch eine andere Betrachtungsweise. Die fantastischen Trauben aus dem Geschäft: Kann es in dieser unserer Welt eigentlich etwas so Makelloses „nur aus der Natur" geben? Haben nicht doch Pestizide und Herbizide diese Trauben von Pilz und Mehltau befreit? Wurde der Weinstock nicht doch ein wenig genverändert, um nicht so anfällig gegen Kälte und Nässe zu sein? Wurden nicht auch diese Trauben möglicherweise radioaktiv bestrahlt, um sie länger haltbar zu machen? Wurde also nicht doch hier und da ein wenig getrickst und gemogelt, um einen Schein von Makellosigkeit zu erzeugen? Auch wenn im zweiten Korb „norddeutsche" Trauben sind, ein wenig sauer und kernig: Ich bin zufrieden mit ihnen. Sie sind, wie sie wurden. Sie sind gereift, so gut sie konnten. Ganz natürlich und ohne Trickserei. Ihre größte Stärke aber ist, sie sind meine Trauben. Dieser Wein ist für mich gereift. Ich liebe sein Rebholz, sein kahles Geäst im Winter, die aufbrechenden Knospen im Frühling, die üppig und wild rankenden Triebe im Frühsommer. Ich liebe die unscheinbare Blüte, die unmerklich in winzige Beeren übergeht, den Rückschnitt im Hochsommer, damit Sonne und Wärme an die Trauben kommen. Ich freue mich auf die hoffnungsvolle Ernte im Herbst nach den letzten spätsommerlichen Tagen. Die Trauben, sie reifen für mich. Nicht für andere. Darum liebe ich sie. Allerdings, die Stinklinge bleiben Stinklinge. Vielleicht gibt es einen „Klookschieter", der uns auch diese Gammelbeeren als Sensation und Delikatesse verkaufen will. Die Welt will schließlich betrogen werden. Doch im Hinterstübchen wissen wir: Aus Gammel kann nur Gammel kommen. Sie taugen nur für den Misthaufen. Nein, man kann nicht alles im Leben schönreden. Auch diese gammeligen Stinklinge nicht.

„Du bist ein Weinstock Gottes, gepflanzt in seinem Garten zu seiner Freude". Das ist unsere Bestimmung. Vielleicht gleicht mein Leben nicht einer makellosen Traube. Vielleicht kann mein Leben unter den realen Bedingungen dieser Welt auch nie einer makellosen Traube gleichen. Es sei denn, ich versuche zu tricksen. Vielleicht ist mein Leben viel eher „ehrlich norddeutsch" auch mit sauren Seiten und kernigen Zeiten – und darf es sein! Denn es gilt von mir und meinem Leben: Ich bin die gehegte und gepflegte

Rebe des großen Gärtners, meines himmlischen Vaters. Mir gilt seine ganze Liebe und Zuwendung. Er hat seine Freude an mir. Wenn es an der Zeit ist, wird er die Stinklinge und Gammelbeeren aus meinem Leben entfernen. Wenn die Zeit kommt, wird er den bestmöglichen Wein aus meinem Leben keltern zu seiner und zu meiner Freude. Im Zweifel kann er dazu auch das bloße Wasser meines Lebens in seinen guten Wein verwandeln.

„In vino veritas". Im Wein liegt Wahrheit, war schon die alte Erkenntnis und weise Einsicht der Antike. Wie viel mehr noch im biblischen, sprich göttlichen Wein!

„Sucht zuerst Gottes Reich und seine Gerechtigkeit, so fällt euch alles andere zu." (nach Matthäus 6)

Der Meterhecht

Als leidenschaftlicher Angler und Sportfischer hatte ich seit meinem 12. Lebensjahr davon geträumt, einen Meterhecht zu fangen. Ich hatte es durch die Jahre zwar nie richtig gezielt versucht, doch wenn es „so nebenbei" irgendwann einmal passiert wäre, das wäre schon schön gewesen. Auch das Revier in Schweden hatte in fast 30 Jahren keinen solchen für mich zum Anbiss freigegeben. Nun denn, ordentliche Portionsfische gab es immer. 2018 hatte ich mir darum am Ende unseres etwas längeren Urlaubs ein paar Tage im späten September zum gezielten Angeln auf einen anständigen Portionsfisch reserviert. Das kam sonst irgendwie immer zu kurz. Als es nun endlich losgehen sollte, fragten überraschend unsere Freunde an, ob wir ihnen kurzfristig beim Umzug helfen könnten. Auch das noch! Ich ahnte, dies würde mehrere Tage in Anspruch nehmen. Angeln ade. Dennoch halfen wir aus Freundschaft, weil sie auf uns hofften, weil wir ahnten, wie schwer es ihnen fiel, uns zu bitten, weil auch sie so viel schon für uns getan hatten, weil Herz und Gewissen keine Ruhe gegeben hätten, weil wir uns mit einem „Nein" einfach schäbig vorgekommen wären. Und nur wenige Wochen vorher hatte ich nach langer Diskussion um „unverzichtbare Notwendigkeit" oder „puren Luxus" Frauke einen eigenen Pkw-Anhänger aus den Rippen geleiert. Hier konnte und sollte er nun zum Einsatz kommen. Hier bestätigte sich der Sinn (und wie ich natürlich strahlend bemerkte: „tiefere" Sinn) unserer Anschaffung. Im ganzen Umzugstrubel blieb am Ende so nur noch ein einziger Nachmittag zum Fischen. Schade? Ein bisschen trauerte ich innerlich schon den schönen warmen, aber nun anders und mit schweißtreibender Arbeit verbrachten Septembertagen hinterher.

Dieser Nachmittag war deutlich kühler, es blies ein kräftiger Wind, das Boot schaukelte bös. Bam! Der Biss saß. Nach kurzem Drill konnte ich einen anständigen Hecht haken. Gute sechs Kilo. Er schien sogar nahe an der Metergrenze zu sein. Ein schöner Herbsthecht, der mich schnell mit der verkürzten Angelzeit versöhnte. Als kein weiterer Biss folgte, beendete ich den Ausflug. Ich schulterte den Hecht und legte ihn zu Hause doch aus lauter Neugier neben einen Zollstock. Einen Meter und eins! Ich traute meinen Augen kaum. Einen Meter und eins! Ehrlich und real gemessen, ohne tricksen und mogeln. Darauf hatte ich mehr als 40 Jahre gewartet. Welch ein Geschenk unseres himmlischen Vaters, der immer wieder und gerne überrascht! In die große Freude über diesen ersten und (wie ich schon im folgenden September erleben durfte) noch nicht letzten Meterhecht mischte sich aber noch eine größere: die dankbaren Herzen und Gesichter unserer Freunde, für die wir da sein konnten, als sie uns wirklich brauchten.

„Legt Jesus Christus als neues Gewand an." (nach Römer 13)

Die knallrote Schwimmweste

Ein schöner, unbeschwerter und vor allem erfolgreicher Angeltag sollte es werden. Zusammen mit zwei Freunden brach ich in einem offenen viereinhalb Meterboot bei strahlendem Sonnenschein auf den schwedischen Vänersee auf. Bald war ein guter Platz gefunden, wir fischten und drillten, was das Zeug hielt. Echt super! Das Abendessen war gesichert.

Keiner von uns bemerkte darum wirklich, wie sehr der Wind aufbriste. Als wir dann am späten Nachmittag wieder nach Hause aufbrachen und hinter der schützenden Landzunge hervorkamen, war der See kaum wiederzuerkennen. Nun ja, es wird schon gehen, beruhigte ich uns. Fahren wir halt langsam kreuzend, und ein bisschen Erfahrung an der Pinne habe ich doch auch. Also los, auch wenn die anderen beiden schon ein wenig blass waren. Doch nach einer halben Stunde wurde selbst mir ein wenig mulmig. Von den an der Bordwand festgekrallten Händen und weiß schimmernden Knöcheln meiner Mitfahrer gar nicht zu reden! Gegen den immer noch zunehmenden Wind von vorn machten wir kaum etwas gut. Man konnte gar nicht so langsam fahren, dass die offene Bootsspitze nicht doch immer wieder in die auf mehr als einen Meter fünfzig angewachsenen Wellen eintauchte. Es ging einfach nicht mehr weiter. Wir holten tief Luft, und auf einem besonders breiten Wellenkamm balancierte ich das Boot herum. Der schwache Außenborder schaffte es mit Müh und Not. Mit der See von Achtern kamen wir so immerhin unbeschadet in eine geschützte Bucht hinein. Ein kleiner Hafen mit sicherem Liegeplatz. Glück gehabt! Was waren dagegen schon die rund sechs Kilometer Fußmarsch in den unbequemen und völlig überflüssigen Wattstiefeln, die nun auf uns warteten.

Am nächsten Tag musste das teuer gemietete Boot allerdings doch dringend zurückgeholt werden. Alle halbe Stunde suchte ich mit dem Fernglas den Horizont ab. Würden Wind und Wellen endlich nachlassen? Stunde um Stunde verstrich, bis der Wind tatsächlich ein wenig abflaute, die Schaumkronen kleiner und weniger wurden. Also schnell los, bevor er wieder anzieht. Wir machten uns zu zweit auf den Weg und diesmal natürlich mit Schwimmweste. Die hatten wir „typisch überheblich deutsch" und so gar nicht „selbstverständlich schwedisch" am Vortag nämlich nicht dabeigehabt, hielt ich sie doch für eher beschwerlich und unnötig. Wir hatten alle guten Ratschläge in den Wind geschlagen. Meinten wir doch genau zu wissen, wo es langging.
Der Wind hatte nun sogar ein wenig gedreht, so war es kein Problem, mit ihm im Rücken nach Hause zurückzukehren. Doch eine gewisse Anspannung war spürbar. Die Hand krampfhaft fest am Außenborder. Hoffentlich geht alles gut. Als wir endlich den kleinen Leuchtturm umrundeten und in unseren Hafen einliefen, drehte ich mich noch einmal um. Wind und Wellen waren komplett eingeschlafen. Der See war spiegelblank und lag da wie in Blei gegossen. Doch wissen Sie, was das Peinlichste an dieser beschaulichen Idylle für mich war? Auf der Mole stand eine Reihe von Menschen im

warmen Schein der Abendsonne und begrüßte uns freundlich winkend – ich aber hatte eine dämliche knallrote Schwimmweste an!

Wer ist Jesus für dich? Eine etwas peinliche, zu auffällige „Schwimmweste" für absolute Notfälle – oder ein echtes „Kleidungsstück", das ganz natürlich zu dir gehört?

„Sorgt euch nicht um euer Leben, fragt nicht: Was sollen wir essen und trinken?" (nach Matthäus 6)

`n Fuffi

Geld ist für Studenten meistens knapp. Das war auch bei mir so, Anfang der 80iger Jahre und noch zur guten alten DM Zeit. Ich bekam monatlich 300,- DM von meinen Eltern, einen fahrtüchtigen Golf, der sechs Jahre Studentenleben durchhalten sollte, Kost und Logis frei in einer kleinen Einliegerwohnung im elterlichen Haus. Das Geld musste reichen für die täglichen Fahrten nach Kiel, neue Klamotten und die Bücher für die Uni. Und Frauke wollte natürlich auch ab und zu ein Eis essen gehen mit mir. Klar, dass ich noch manche Mark nebenbei verdienen musste – in der Hühnerschlachterei, in der Gärtnerei, in der Landwirtschaft. Ich wusste jeden „Fuffi" zu schätzen und zirkelte jeden Monat genau aus. Einmal kam jemand aus unserem Freundeskreis, der noch ungleich knapper dran war und bat mich am 20. des Monats um einen Fünfziger. Meinen letzten. Überhaupt mein letztes Monatsgeld. Einen ganzen „Fuffi", den er vermutlich auch nie zurückzahlen könnte. Ich sah auf meinen Tankinhalt: Ein knapper dreiviertel Tank würde nicht reichen für weitere 10 Tage Uni plus Wochenendausflug. Was soll's! Ich gab ihm das Geld trotzdem. Irgendwie würde es schon gehen. Ich staunte: Das Auto fuhr und fuhr, Kilometer um Kilometer, Strecke um Strecke. Der Tankinhalt hielt durch bis zum Monatsende. Ich fuhr doppelt so viele Kilometer wie sonst. Und sicher vom Fahrstil nicht viel sparsamer. Der war nämlich nicht gerade „öko", und mein Schwiegervater in spe wollte lieber mein Gesangbuch sein als mein Auto. Na, wenn der wüsste!

Ich spürte unzweifelhaft und ganz elementar: Hier sorgt Gott gerade für dich! Ich weiß bis heute nicht, wie er das gemacht hat, ob ganz natürlich – vielleicht füllte jemand ohne mein Wissen Benzin nach, oder übernatürlich – vielleicht streckte er einfach das Benzin. Wie auch immer, es wurde zum nachdenklichen Schlüsselerlebnis für mich: Gott kann für uns sorgen. Denn der Fünfziger hat mir nicht wirklich gefehlt. Auch wenn ich meine Eltern wahrscheinlich schon einen Tag früher um das nächste Monatsgeld bat, einfach so zur Sicherheit. Dieser Fünfziger hat mir gezeigt, dass ich nichts verliere, wenn ich großzügig bin. Tun wir anderen Gutes, loben wir immer auch unseren Gott!

Ein paar Jahre später machte ich diese Erfahrung noch einmal – aber von einer ganz anderen Seite. Wir waren nach Kropp gekommen schon mit der freundschaftlichen Beziehung zu einem Bauern, der uns auch breitwillig anbot, kostenloses Knickholz für den Kamin machen zu können. Ein Lob auf Beziehungen! Es kostete mich nur die Arbeit. Gerne wurde dies von mir und meinen „Knickkameraden" angenommen. In den folgenden Jahren hatte ich dann immer weniger Zeit, zum Knicken zu gehen, es blieb einfach nach. Einer der alten Freunde ging weiterhin zum selben Bauern, und ich gönnte es ihm auch. Einmal klagte und stöhnte er über die gewaltige Menge Eichenholz, die er kaum bewältigen könnte und die wohl für Jahrzehnte reichen würde. Meinen dezenten Hinweis, mir fehle in diesem Jahr noch ein bisschen, überhörte er. Er lagerte das Holz in einem riesigen abgedeckten Diemen ein. Als er ihn zwei Jahre später öffnete, war die gesamte Mitte vergammelt und verpilzt. Zu dicht, zu eng, zu viel gepackt. Wertlos geworden. Ich bin froh, dass Gott mir die einen Augenblick lang aufsteigende gehässige Schadenfreude verziehen hat. Woher ich das weiß? Ich bat ihn drum, und habe im Rückblick durch all die Jahre nie ein Stück Holz im Winter zu wenig gehabt.

Ich würde gern davon erzählen, dass diese Erfahrungen mich und mein Verhalten nachhaltig verändert hat. Ja, ich bin gerne großzügig und freigiebig, und doch lebt parallel dazu der alte Schweinehund der Gier und des Egoismus fröhlich bis heute in mir weiter. Mal gewinnt die Gier, mal hat die Großzügigkeit Oberhand. So spende ich gerne, etwa alle Erträge aus meinem Honigverkauf ohne jeden Abzug. Ich habe es aber bis heute nicht wirklich übers Herz gebracht, grundsätzlich und im „Vorwegabzug" den „Zehnten" zu geben. Selbst wenn wir aus dem Wald mit dem ersten Eimer Pfifferlinge, dem „Gold des Herbstwaldes", zurückkommen, dann muss ich schon dann und wann daran erinnert werden, auch von diesen uns geschenkten Erstlingen und Gaben der Schöpfung mit unseren Freunden freigiebig und großzügig zu teilen und nicht nur an den eigenen Bauch zu denken. Der Vorrat für die Gefriertruhe wird schon noch folgen. Darauf darf ich vertrauen, und in diesem Vertrauen möchte ich wachsen, bis es einmal das enge und ängstliche Herz besiegt.

„Zur Freiheit hat uns Christus befreit. Lasst euch nicht erneut das Joch einer Knechtschaft auflegen." (nach Galater 5)

Born again to be free!

Pfingsten ist perfekt geeignet für Ausflüge. Hagenbecks Tierpark in Hamburg ist dafür ein richtig gutes Ziel. Vor gut 100 Jahren hatte nämlich der Gründer Carl Hagenbeck eine bahnbrechende Idee. Die Tiere sollten raus aus ihren engen Stahlkäfigen in ein möglichst weitläufiges Gehege und in zumindest ein Stück weit natürliche Umgebung. Eine wahrhaft befreiende Idee?

In einem solchen Tierpark zieht mich ein Tier besonders an: der Berggorilla. Eine faszinierende Erscheinung. Ein hoher Grad von Intelligenz. Ein eindrucksvolles Sozialverhalten. Ein friedlicher Riese. Eine Gestalt voller Würde und Respekt. Er ist der absolute König der tropischen Bergwälder. Frei und selbstbestimmt. Born to be free!

Nachdem nun vor rund 150 Jahren die ersten wildlebenden Berggorillas für die Zoos in Europa gefangen und importiert wurden, beschrieb die Verhaltensforschung bald folgendes Phänomen: Nach einer Phase der Rebellion und des unaufhörlich wütenden Rüttelns an den Gitterstäben kommt irgendwann die Phase der Depression, ein stilles und teilnahmsloses Sitzen in einer Käfigecke. Wenn ein solcher Gorilla nur lange genug in einem engen Käfig eingesperrt war, verließ er diesen aus eigenem Antrieb nicht mehr, selbst wenn die Käfigtür für längere Zeit weit offen stand. Er hatte verlernt, wer er eigentlich war. Er hatte den Sinn dafür verloren, was Freiheit ist.

Kennst du die herrliche Freiheit der Kinder Gottes?

„Hebt eure Augen in die Höhe und seht." (nach Jesaja 40)

Unser Turm

„Ich glaube, wir haben ein Problem", kam eines Tages der Leiter unserer Pfadfinder „Kropper Turmfalken" zu mir. „Ich habe versucht, im Kirchturm ein Regal anzuschrauben, aber der Spax hat im 30 Zentimeter dicken Holzbalken nicht gehalten. Ich habe dann ein bisschen gepult – und durch den Spalt meinen ganzen Arm in den Balken stecken können." Auweia! Nach langwierigen und akribischen Untersuchungen stellte sich heraus: Der Turm muss grundlegend saniert werden. Braunfäule hatte ihn nach und nach ausgehöhlt und aufgefressen. Die schöne Schieferfassade täuschte brillant über seinen wahren Zustand hinweg. Im Grunde wurde er nur noch von den Fassadenbrettern zusammengehalten. Diese Erkenntnis führte zu einer echten Schrecksekunde.

Quo vadis? Was nun, unser Kropper Turm? Er ist das Wahrzeichen von Kropp, das vielen Menschen Heimat und Heimatgefühl gibt. Ein schönes und stolzes, schon von weitem sichtbares und einladendes Zeichen für unseren Ort. Nein, er ist kein „Turm zu Babel", der einfach nicht hoch genug sein könnte, um den Himmel zu erobern. Doch er ist bekanntermaßen seit einigen Jahren Kropps einziger Turm, Funkmasten zählen nicht. Darum sind wir mit Recht stolz auf ihn und seine 34 Meter. In seinem Schatten zu wohnen, bedeutet für viele Menschen, hier ihre Heimat zu haben. Wenn man etwa aus einem Urlaub zurückkommt und die Turmspitze erhebt sich im Blickfeld über die Baumwipfel, dann weiß und fühle ich: „Gleich bin ich dort, wo ich zu Hause bin". Andere verlieren den Blick auf ihren geliebten Kirchturm nie gern lange und länger als nur einen Tag aus den Augen und müssen ihn spätestens mit Einbruch der abendlichen Dämmerung wieder vor Augen haben, ohne Unterschied, ob sie die Dorfkirche mit ihrem Turm als lebendiges Gotteshaus oder als altes und bewahrenswertes Kulturgut verstehen, als ererbtes Gebäude der Geschichte, dem wir verpflichtet sind.

Wenn seine Glocken zu hören sind, dann sind das für viele Menschen „unsere Glocken". Die beiden Glocken meiner Heimat, denken sie. Begleitet von ihrem Geläut wurde ich getauft. Hier wurde mir die Wurzel meines Christseins geschenkt. Begleitet von ihrem Geläut wurde ich konfirmiert. Hier habe ich selbst Ja gesagt zu meinem Glauben und wurde mit Gottes Segen auf meinen Weg ins Leben geschickt. Begleitet von ihrem Geläut wurde ich getraut. Hier fand ich meinen Partner fürs Leben, feierte meine Ehejubiläen. Die Feste meiner Kinder, meiner Enkel. So wird ihr Geläut vielleicht auch einmal meinen letzten Gang begleiten. Sie umfassen mein Leben. Sie verwurzeln mich in meiner Heimat. Wenn wir die alte Glocke von 1843 selbst fragen würden, welche Höhepunkte sie in den zurückliegenden 177 Jahren erlebt hat, so würde sie sicher auch das Freudenläuten zur Gründung des Diakoniewerks oder das Begrüßungsläuten für die glücklich aus Krieg und Gefangenschaft heimgekehrten Soldaten nennen. Ja, das Geläut ist so etwas wie die Seele der Gemeinde. Freud und Leid wird für alle weithin hörbar gemacht. Freud und Leid des Lebens finden hier ihren Platz – und auch vor unserem Gott.

Denn an der Spitze des Turms findet sich das Kreuz, das über der Weltkugel thront. Goldglänzend in der Sonne wie im Mondschein oder in weihnachtlicher Festbeleuchtung wird hier bezeugt: Diese Welt gehört nicht sich selbst. Sie gehört Christus. Er ist der Weltenherrscher. Dieses Haus gehört nicht sich selbst. Es dient Christus. Darüber wacht der Hahn, nicht nur als Wetterhahn, der sich immer mit dem wechselnden Wind dreht. Er steht als mahnender Wächter über dem Bekenntnis zu Jesus Christus, dem gekreuzigten und auferstandenen Herrn. Als Mahnung, dass er in diesem Haus nie verleugnet, dass er in diesem Haus in Wahrheit und Liebe bezeugt, dass in diesem Haus zu ihm eingeladen werde, dass man ihm in diesem Haus begegnen könne, dass man seinen Fuß freimütig über die Schwelle dieses Gotteshauses setzen darf. Man darf durch den Turmraum hindurch in das Mittelschiff mit seinen beiden Kronleuchtern zwischen Taufe und Kanzel bis zum Altar gehen, über dem der Gekreuzigte seine Arme ausbreitet. Immer bereit zu segnen, zu trösten, zu ermutigen.

Steigt man den Turm hinauf, so findet man auf der ersten Ebene wie in der höchsten Spitze ganz nüchtern und technisch das, was moderne Menschen heute untereinander verbindet: eine Antennenanlage für Handys und Smartphones, ohne die heute wohl kaum einer mehr auskommen kann. Die zweite Ebene ist der Glockenstuhl. Jene Ebene, auf der man auch eine Schalluke öffnen kann und aus der das monatliche Turmblasen des Posaunenchors erklingt. Steigt man weiter an den Glocken vorbei in den Turm hinein, so findet man sich in einem kleinen Turmraum wieder, fast wie ein Krähennest oder Falkenhorst. Zwei Bänke und ein Tisch stehen hier. Wie eine Bierzeltgarnitur laden sie ein zu feiern. Doch in dieser Höhe und mit der Perspektive eines Adlers über den Dächern von Kropp mit Aussicht auf die Gärten lädt er viel mehr ein zum Beten. Eben aus einer ganz anderen und neuen Perspektive: erhoben und erhaben mit Gottes Blick und Blickwinkel für die Dinge. Es ist ein Raum der echten Stille und Abgeschiedenheit. Noch einmal geht es eine Treppe höher zur Uhr im Helmansatz, die ihre und „unsere" Zeit in drei Himmelsrichtungen zeigt und hörbar macht. In die vierte Richtung zeigt kein Ziffernblatt. Über dem Friedhof liegt zeitlos die Ewigkeit – und doch ausgerichtet nach Osten, gen Sonnenaufgang, voller Hoffnung auf die Auferstehung zu einem neuen Leben. Und über allem erhebt sich steil die Helmspitze wie ein Zeigefinger, der zum Himmel weist.

Nach einem guten Jahr war der Turm saniert, bereit für die nächsten hundert Jahre. Der 18 Tonnen Helm wurde in einem Stück mit dem Kran abgenommen und später zu dem Lied „Ein feste Burg ist unser Gott" wieder aufgesetzt. Was für ein Schauspiel! Das Holzständerwerk des elf Meter hohen Mittelteils wurde komplett zerlegt und wieder neu aufgebaut. Alte Verbinder aus noch brauchbarem Holz fanden ihren Platz zwischen neuen Trägern, Stützen und Pfeilern. Dennoch hat der Turm nicht alle Geheimnisse der alten Handwerkskunst den klugen Baumeistern und erfahrenen Dombaumeistern, den fleißigen Zimmerleuten, grübelnden Statikern und studierten Architekten zum Trotz preisgegeben. Doch die Glocken scheinen jetzt ein bisschen lauter und klarer und schöner zu klingen. Das neue Holz schwingt ganz anders mit: jung und frisch und runderneuert, damit man es entsprechend der Widmung und Prägung der zweiten Glocke von 1972 weithin und weiterhin immer wieder neu hören und sehen kann: „Jesus Christus spricht: Ich bin bei Euch alle Tage!". Alles wurde gut und sogar besser: Heute ist der Turm überraschend und unerklärlicherweise satte 30 Zentimeter höher als früher! Na so was. Doch das ist, glaube ich, irgendwie kein echtes Problem!

„Seine Blitze erhellen den Erdkreis." (nach Psalm 97)

Naturgewalt und Schöpfungsmacht

Zieht es den Blitz an, wenn man direkt hinter der Scheibe steht, um das Gewitter zu beobachten? Mutter hat es jedenfalls immer behauptet, als wir noch Kinder waren. Mindestens würde man danach schielen. Vielleicht wollte sie uns in der Tat schützen, uns und unsere Augen – oder uns selbst vor unserer Angst. Denn sie selbst wusste davon zu erzählen, wie in ihrer Kindheit einmal ein flammender Kugelblitz durchs geöffnete Fenster hineinkam, an der Wand entlangrollte, vermutlich den Wasser- oder Kupferleitungen folgend, dann zur offenen Tür hinaus wieder verschwand – und einen schwarz verkohlten Streifen hinterließ. Was wir gesehen haben, haben wir gesehen. Was immer die Wissenschaft auch behaupten mag. Wir haben beim Gewitter aus Furcht vor einem warmen Schlag zwar keinen Notfallkoffer gepackt, doch Mutter schien es sicherer zu sein, uns vollzählig um den Tisch versammelt zu haben oder auf Vaters Schoß im Meistersessel oder eben hockend oder liegend auf der Luftmatratze möglichst mittig im Zelt am Ostseestrand und auf keinen Fall in der Nähe vom Gestänge.

Auf mich haben Blitz und Donner immer eine große Faszination und Anziehungskraft ausgeübt. Vor einem aufziehenden Gewitter bin ich immer erst im letzten Augenblick in Deckung gegangen, wenn Blitz und Donner schon deutlich weniger als drei Sekunden auseinanderlagen oder unmittelbar ein starker Regen- oder Hagelschlag drohte. Unvergessen ist mir eine fantastische Gewitternacht, die wir gemeinsam Arm in Arm liegend als jugendliche Clique verbrachten – hinter einer großen Wohnzimmerpanoramascheibe, fasziniert von dem, was den dunklen Horizont erhellte: ein stundenlanges Wetterleuchten vom Feinsten.

Manchmal droht man aus lauter Faszination über etwas den Respekt davor zu verlieren. Blitz und Donner sind und bleiben eine unbändige Urgewalt des

Universums. Nicht beherrschbar. Nicht kalkulierbar. So saß ich einmal im Wald am Schierensee zum Angeln. Angeblich sollten die Fische unter diesen Bedingungen besonders gut beißen. Das stimmt aber nicht für den Hecht, nur für den Aal. Ich saß gut geschützt in einem Waldstück mit relativ jungen Bäumen, als der Blitz dann doch direkt in den Baum neben mir einschlug. Ich spürte das Kribbeln der elektrischen Ladung – und meine Sachen flogen wild durch die Gegend, ein entfesselter Sturmwind. Panisch aufgeschreckt klaubte ich meine breit verteilten Utensilien zusammen und floh mit dem Mofa durch den sich einregnenden Gewitterwald nach Hause. An diesem Tag hatte ich die Hosen nass und die Nase voll – auch wenn der Himmel schnell wieder aufklarte, und gerade jetzt und „danach" die besonders guten Bedingungen zur Hechtjagd gewesen wären. Der Respekt war wieder da. Und er sollte bleiben. Wurde er auch noch einmal dadurch gestützt, dass Vater (sonst eher schweigsam) doch irgendwann einmal davon erzählte, wie auch er selbst als Kind vom Blitz getroffen worden war. Dieser geradewegs durch ihn hindurchfuhr – und genau in diesem Ereignis seine Herzrhythmusstörungen wohl ihre erste Wurzel hatten.

Auch meine Frau Frauke hat so ihre Gewittererfahrungen mit in die Ehe gebracht. Sie erinnert sich in der Tat an einen kleinen, immer gepackten Notfallkoffer der Großeltern. Diesen packten zwar die Eltern nicht mehr, aber dass auch sie mit ihrem Bruder als Kinder zumindest angezogen und aufbruchsbereit auf der großen Brennholzkiste für den Küchenherd sitzen mussten, an die splitternde Keramikisolatoren des Stromverteilermasts direkt neben der Garage oder an ihren Vater, der ohne Verzug nach jedem Gewitter trotz einer gewissen (und meist gut versteckten) Höhenangst auf den Dachboden stieg, um Schornstein und umliegende Gebäude zu kontrollieren, daran kann sie sich noch gut erinnern. Ein Brand war das Letzte, was man auf einem Bauernhof gebrauchen konnte!

Natürlich machte Frauke sich Sorgen, wenn ich zum Angeln draußen war und draußen blieb, irgendwo ungewiss verschollen im prasselnden Regen und grollenden Donner und nicht rechtzeitig vor dem Gewitter schon wieder zurück war. Einmal konnte sie die Spannung nicht halten, gab mit dem Fernlicht Blinksignale über den See und brüllte sich die Stimme aus Leib und Seele. Doch wie sollte man sie hören können gegen Wind und Regen? Wie sollte man etwas sehen können, irgendwo weit abgelegen und tief versteckt im Schilf?

Doch es ist vernünftig, um nicht zu sagen weise, eben nicht mitten durch ein tobendes Gewitter zu flüchten, sondern sich einfach vor Ort einen sicheren Platz zu suchen, bis das Unwetter vorüber ist. Unwetter kommen und Unwetter gehen auch wieder. Dann ist die deutlich bessere Zeit, nach Hause zurückzukehren. Das hatte ich schon zeitig von Opa Hellmuth, dem Urangler der Familie gelernt.

Diese Erkenntnis der Vernunft war aber wohl noch nicht bei der Tochter von Harald, einem alten Kaffeeröster und erfahrenen Angler angekommen. Als wir einmal gemeinsam auf dem Stolper See unterwegs waren, überraschte uns ein wirklich heftiges und lang anhaltendes Gewitter. Es dürfte wohl zwei Stunden gedauert haben. Blitz auf Blitz, das Gewitter setzte sich fest über dem See. Als es endlich aufklarte und wir Richtung Steg ruderten, wurden wir schon von der Polizei erwartet. Töchterlein hatte eine Vermisstenmeldung aufgegeben. Was ich heute allerdings zum ersten Mal preisgebe: So ganz sicher war unser Platz zum Abwarten nicht gewesen. Zu spät hatten wir erst das Ausmaß der aufziehenden Gewalt erkannt – und dann mitten im Ausbruch von Blitz und Donner in der Tat nicht mehr den Mut gehabt, uns zu bewegen und einen anderen, wirklich sicheren Standort zu suchen. Also drückten wir uns dümpelnd an die Schilfkante und hofften, miteinander um die Wette schweigend, das Beste. Vielleicht hatte Töchterlein doch den richtigen Riecher gehabt!

Auch in Schweden können die Gewitter heftig sein. Sie liegen als pechschwarze Wand über dem westlichen Vänern und türmen die Wellen des Binnenmeeres im nu mühelos bis zu zwei Meter hoch auf. Krachend kann der Donner im Kiefernwald widerhallen wie im Hochgebirge. Wir sind keine Gebirgsmenschen, aber unvergessen ist uns jenes Erlebnis eines Bayernurlaubs, als uns der Sesselliftbetreiber, oben auf dem Rubihorn angekommen, so nebenbei fragte: „Und - hat es unterwegs schon gewittert?" Vor dieser Steilwand? Mann, oh Mann. So kann man auch Touristen verschrecken und selbst gestandene Nordlichter für einen Moment lang ins Bockshorn jagen.

Ein echt schwedisches Gewitter erlebten wir einmal vor unserer Haustür stehend, nur geschützt von einem kleinen Baldachin auf der wetterabgewandten Seite des Hauses. Der Donner kam nur quälend langsam näher. Das Gewitter brauchte Stunden, um über den See zu kommen. Wir konnten es bei der brottigen Luft und lummerigen Stickigkeit von mehr als 30 Grad ohne jeden Luftzug einfach nicht im Haus aushalten, nicht einmal im Keller. Dann fegte plötzlich ein Brausen über uns hinweg, und wie aus dem Nichts schlug der Blitz mit einem fürchterlichen Krachen ein - direkt in die große Eiche unmittelbar hinter dem Haus. Instinktiv warf ich mich schützend über Frauke. Es war ein kalter Schlag, der die Eiche nur deswegen nicht spaltete, weil sie auf einem großen Felsen wächst. Unter dem Baum aber lagen wie gesät und breit verteilt die abgesprengten Endstücke der Zweige. Wie wir am kommenden Tag feststellten: Ein anderer Baum ein paar Kilometer weiter hatte nicht so viel Glück. Gespalten lag der alte Riese am Boden und kohlte rauchend noch tagelang vor sich hin.

Naturgewalt und Schöpfungsmacht zwischen Schönheit und Schrecken spiegeln sich in Blitz und Donner, in Meteoren, die als Feuerbälle zischend ihre Bahn am Abendhimmel über dem Aalangler ziehen, in überraschenden Erdstößen, die einen aus dem schwedischen Liegestuhl hochreißen oder in der Erscheinung des Nordlichts, auf das wir immer noch gemeinsam hoffnungsvoll warten, während wir gerade die winterliche Badetonne unter klarem Sternenhimmel genießen. In mir weckt all das einen mächtigen Respekt und ein aufsteigendes Lob für meinen Schöpfer, von dem schon Menschen vor mir schrieben (Psalm 97): „Der Herr ist König! Seine Blitze erhellen den Erdkreis, die Erde sieht es und bebt. Berge schmelzen wie Wachs vor dem Herrn, vor dem Antlitz des Herrschers dieser Welt. Denn du Herr, bist der Höchste über der ganzen Erde und hoch erhaben über alle Götter!"

„Wie groß bist Du." (nach Psalm 104)

Das Bild meines Herzens

Wenn man mich einladen würde, die Gedanken schweifen zu lassen und in der Erinnerung zu meinem schönsten Naturerlebnis zurückzugehen, dann gingen sie ohne Zögern losgelöst auf Reisen zu den Bildern meines Herzens. Ich fände mich wieder „irgendwo da draußen" unter einem geöffneten Himmel und weiten Horizont.

Ich fände mich vielleicht wieder in meinem kleinen Boot auf dem schwedischen Vänersee. Eine kleine Runde nur mit Freunden sollte es werden, an einem warmen Sommerabend, kurz vor dem Dunkelwerden, und vielleicht noch schnell ein Hecht. Doch dann geschieht das, was man eben nicht planen kann. In die schmale und flache Furt zwischen den Inseln tritt im Gegenlicht der rotgoldenen und untergehenden Abendsonne ein Elch, nein, es sind zwei. Was für ein Bild! Keine hundert Meter vor uns entfernt. Jeder hält den Atem an. Niemand bewegt sich. Die Zeit scheint still zu stehen. Irgendwann taucht der hektische Gedanke auf: Wo ist die Kamera? Dieses Bild muss man einfach festhalten. So etwas sieht man nur einmal im Leben. Doch die Kamera liegt natürlich warm und trocken zu Hause. Aber ich habe sie auch nicht wirklich gebraucht. Denn dieses Bild ist geblieben. Es hat sich in mir festgesetzt. Es ist ein Bild meines Herzens geworden.

Oder ich fände mich wieder am Ufer des kleinen und idyllischen Schierensees am Rand der Holsteinischen Schweiz. In der noch kühlen Luft des wunderschönen bunten Herbstmorgens, in der die aufsteigende wärmende Sonne die letzten Nebelschwaden über dem Wasser vertreibt, taucht er plötzlich auf: „unser" Seeadler, der seinen Horst in der unmittelbaren Nachbarschaft hat. Majestätisch ist sein Erscheinen vor der Kulisse des herbstlichen Waldes. Schwerelos scheint er über dem Wasser zu schweben, bis der Greif zum Sturzflug ansetzt. Nur mit Mühe kommt er nach dem Aufschlag wieder hoch. Schwer schlagen seine Schwingen. Doch er krallt ihn fest und nimmt ihn mit. Den Brassen, der bestimmt zwei Kilo wiegt. Welch ein Bild! Was für ein Eindruck! Auch dieses Bild ist geblieben. Ohne Kamera und ohne Zelluloid. Es ist wach und lebendig auch nach mehr als 40 Jahren. Es gehört zu mir und meiner Geschichte. Es ist ein Bild meines Herzens geworden.

Es gibt Bilder in uns, die gehen über die einfache Erinnerung hinaus, die uns einmal berührt, nie wieder loslassen und die aus Erlebnissen Erfahrungen gemacht haben. Sie nähren unsere Seele und unsere Sehnsüchte. Sie ziehen uns immer wieder in die Natur, in die Schöpfung, unter den geöffneten Himmel. Diese Bilder voller Schönheit und Sehnsucht machen es mir leicht zu sehen und zu glauben, dass hinter allem ein Schöpfer steht, ein „intelligenter Designer", der „Architekt auch meines Lebens". Schöpfung und Geschöpf – sie weisen auf meinen Schöpfer hin. Naturerfahrungen, die mich unwillkürlich singen lassen: „Du großer Gott, wenn ich die Welt betrachte, die du geschaffen durch dein Allmachtswort, dann jauchzt mein Herz, dir großer Herrscher zu: Wie groß bist du!" Es sind Naturerfahrungen, die zugleich ihn, meinen genialen Schöpfer und himmlischen Vater selbst, als das größte und wichtigste Bild meines Herzens tiefer und tiefer in mir verankern und festschreiben.

Vor allem Jäger, Sportfischer und Naturfreunde kennen diese Sehnsucht. Die Sehnsucht nach Augenblicken der ungebrochenen Schönheit der Schöpfung. Die Sehnsucht nach Momenten, in denen der Schöpfer selbst durch Schöpfung und Geschöpf unsere Seele berührt und etwas in ihr zum Schwingen bringt. Darum zieht es uns immer wieder hinaus auf Jagd und Pirsch oder nur zum einfachen Spaziergang oder Ausflug in die Feldmark. Darum machen wir uns immer wieder auf zum Angeln und zum Fischen oder nur zum bloßen Betrachten und Erleben eines Sternenhimmels, eines Sonnenauf- oder Sonnenunterganges. Wir tun es, um der Sehnsucht nach Schönheit und Erhabenheit in uns Raum zu geben. Vielleicht gerade darum, weil diese Welt ja immer auch eine ganz andere, unromantische und unsentimentale, ja dunkle und unerlöste Seite hat.

Diese dunkle Seite zeigt sich in den Schrecken von Naturkatastrophen, im Elend von Erdbeben und Tsunamis. Diese unerlöste Seite zeigt sich in dem, was Menschen einander durch Terror, Hass und Krieg antun, was sie sich gegenseitig an Leid und Schmerz zumuten. "Homo homini lupus est." „Der Mensch ist des Menschen Wolf", sagten schon die alten Römer und haben bis heute Recht. Der Mensch ist des Menschen größter Feind. Betrachtet man diese bittere und grausame Seite unserer Welt, dann fällt es ungleich schwerer, in ihr eine gute und wohlgeordnete Schöpfung, ein gutes und gewolltes Geschöpf „Mensch" und hinter allem einen gütigen Schöpfer und liebenden Vater zu erkennen. Ich kann darum jene Menschen verstehen, die beim ehrlichen und nüchternen Betrachten dieser „real-existierenden" Welt zweifeln und in ihr nicht so ohne Weiteres einen gütig zugewandten Gott erkennen können oder aus ihr ableiten möchten. Wenn Gott ein gütiger Schöpfer und liebender Vater ist: Wie kann er dann all das so zulassen?

Die Menschen der Bibel fassten es im Psalm 42 in die Worte: „Wie ein Hirsch lechzt nach frischem Wasser, so schreit meine Seele, Gott, nach dir. Meine Seele dürstet nach dir, dem lebendigen Gott. Warum hast du mich vergessen?" Die Augenblicke der Begegnung mit der ungebrochenen Schönheit der Schöpfung stehen so immer gegen die Momente der Erfahrung des bitteren Schmerzes dieser Welt. Wir können sie nicht wirklich voneinander trennen. Wir können sie auch nicht gegeneinander ausspielen. Wir können nur versuchen, sie immer wieder neu für uns zusammenzudenken. Denn dann brauchen wir weder vor dem einen davonzulaufen und die oft beinharte Realität zu leugnen, noch das andere zu verwerfen als romantisierende oder sentimentale Träumerei.

Vor allem Jäger lieben die alte Geschichte und Überlieferung von ihrem Schutzpatron Hubertus und halten sie am Leben. Diese Geschichte ist (bei allem wohl wahren Kern) eine Legende, gewachsen, gebogen und immer wieder verändert. Sie ist nicht selbst Gottes Wort. Aber sie erzählt von einem, der durch Gottes Wort verändert wurde, von einem nachahmenswerten Beispiel, einem Vorbild in der Christusnachfolge, von dem wir bis heute lernen können.

Man kann es in allen Überlieferungen nachlesen: Hubertus war kein schlechter und schon gar kein böser Mensch. Das zu behaupten, wäre blanker Unsinn. Er hatte ganz offensichtlich Charakter und eine gute Erziehung als fränkischer Edelmann und hoher Offizier, auch wenn die Legende ihm ein wildes und ungezügeltes Wesen zuschreibt. Er war erfahren und fähig im Umgang mit Waffen und Waidwerk, auch wenn sich seine jagdliche Begeisterung manchmal bis hin zur Adrenalin überschießenden Begierde steigerte. Ich würde sagen, er war ganz einfach ein richtiger Mann, ein echter Kerl von Schrot und Korn, so bodenständig wie freiheitsliebend.

Als ihm der Legende nach nun das hell strahlende Kreuz Jesu Christi im Geweih dieses einen besonderen Hirschen erscheint, da geht es nicht um einen moralischen Zeigefinger Gottes nach dem Motto: „Lieber böser Jäger:

Knall nicht einfach alles ab, was Dir vor die Flinte kommt! Lieber böser Mensch: Mäßige deine Gier!" Natürlich steckt darin auch die Erinnerung, maßvoll, umsichtig und nachhaltig mit der uns anvertrauten Schöpfung umzugehen. Natürlich steckt darin auch die Erinnerung, achtsam, respektvoll und waidmännisch unsere Mitgeschöpfe zu behandeln. Die Erinnerung daran ist gut und immer wieder wichtig. Wir wollen sie für uns annehmen und umsetzen! Doch es geht um viel mehr. Es geht um das, was weder Hubertus damals noch wir heute so einfach aus sich selbst heraus haben. Es geht um das, was wir nicht so ohne Weiteres allein in der Natur finden und aus ihr ableiten können. Es geht um das eine und entscheidende Bild meines Herzens, das mich prägt, mich leitet, meinen Weg bestimmt.

Hubertus hat ganz offensichtlich schon immer geahnt, dass hinter allem ein Gott und Schöpfer steht. Er hat ganz offensichtlich schon immer gespürt, dass es vor ihm richtig und wichtig ist, Gutes zu tun, Barmherzigkeit zu üben, Almosen zu geben. Er hatte wohl eine allgemeine Ahnung von Gott und ein instinktives Gespür für Gott, aber er kannte ihn noch nicht wirklich. Diese Erkenntnis musste ihm erst geschenkt werden. Sie musste ihm von außen gegeben und offenbart werden: durch das Reden Gottes und eine persönliche Begegnung mit ihm.

Ich vermute, dass wohl niemandem von uns ein Hirsch mit einem hell strahlenden Kreuz im Geweih erscheinen wird. Wenn das jemand behaupten würde, dann hätten wir den begründeten Verdacht, er habe nicht nur zu lange, sondern auch zu tief in die Jägermeisterbuddel geschaut. Doch eines bleibt an der Legende auch für uns wahr und erfahrbar: Das Reden unseres lebendigen Gottes und die persönliche Begegnung mit ihm. Wir finden es in seinem alten, aber lebendigen Wort, der Bibel. Hier stellt Gott sich vor. Hier können wir ihn finden und zu ihm finden. Hier begegnet er uns in der Gestalt und Person Jesu Christi. Genau darum geht es: Jesus Christus wird zum neuen Leitbild des Herzens von Hubertus. Das ist das eigentliche Ziel, das Gott mit uns hat. Ziel ist es, nicht nur ein moralisch guter und maßvoller, ein ehrfürchtiger und respektvoller, vielleicht sogar freigiebiger Mensch zu sein, sondern Jesus Christus selbst als das prägende und leitende Bild in meinem Innern zu haben, ihn als das eine und entscheidende Bild, das mich leitet und trägt, das mich prägt und bestimmt.

„Gott, mein Schöpfer, dem ich mein Leben verdanke" und „Jesus Christus, mein Herr, an dem ich mit ganzem Herzen hänge" – Wie weit bist du auf dem Weg dieser Erkenntnis und Begegnung bisher gekommen? Ich bin davon überzeugt, es lohnt, seinen Weg bewusst mit Jesus, dem Christus, zu gehen! Denn mit ihm im Herzen und Innersten kann man immer beides sein: Jäger und Christ. Angler und Menschenfischer. Wild und fromm. Ursprünglich und gläubig. Naturnah und gottverbunden. Im Kreuz Jesu Christi gehen alle scheinbaren und echten Gegensätze zusammen. Auch die Schönheit der Schöpfung und der Schmerz dieser Welt. Darum trägt er die Titel Hirte, Herr und Heiland. Was kann uns also Besseres passieren, als unseren Glauben und unser Leben an Jesus Christus festzumachen und uns ganz auf ihn festzulegen? Es ist das Beste, was einem passieren kann, so bei ihm überall und immer, heute und morgen, in seiner Hirten- und Hüterschaft über unserem Leben sicher bewahrt und gut aufgehoben zu sein!

Eine Einladung und Ermutigung: Es erfordert Mut, ein Gebet der persönlichen Hingabe an Gott zum ersten Mal zu sprechen und sich damit festzulegen. Wage es auch gegen mögliche innere Widerstände. Wiederhole es, um es zu vertiefen und zu verinnerlichen. Mit unserer Hingabe an den dreieinen und dreifaltigen Gott ehren wir ihn und werden so mit unserem ganzen Menschen „zum Lob seiner Herrlichkeit".

Die frohe Botschaft von Jesus Christus (Basics I)

Was meinen Christen eigentlich, wenn sie vom „Evangelium", von der „Guten Nachricht" oder der „Frohen Botschaft von Jesus Christus" reden? In vier kleinen und griffigen Sätzen möchte ich versuchen, die elementaren Bausteine, die eigentlichen „Basics", den innersten Kern des christlichen Glaubens auf den Punkt zu bringen. Was uns geschenkt wird. Worauf wir getauft werden. Wozu wir uns bekennen. Wovon wir leben. Worauf wir hoffen. Was uns vom „allgemeinen" Geschöpf Gottes und Kind dieser Erde zum „echten" Kind Gottes macht.

Es sind vier kurze und einfache Sätze, in denen sich das Evangelium zusammenfassen lässt: *„Gott liebt dich!"*, *„Jesus starb für dich!"*, *„Christus lebt in dir!"* und *„Glauben heißt, eine lebendige Beziehung zu haben"*.

(1) *„Gott liebt dich!"*

Es ist gut, zuerst auf eine bildhafte Geschichte aus dem Lukasevangelium zu hören, ein Gleichnis, das Jesus erzählt (Lk 15,11-24):

„Ein Mann hatte zwei Söhne. Der Jüngere von ihnen sagte: Vater, gib mir das Erbteil, das mir zusteht. Da teilte der Vater das Vermögen auf. Nach wenigen Tagen packte der jüngere Sohn alles zusammen und zog in ein fernes Land. Dort führte er ein zügelloses Leben und verschleuderte sein Vermögen. Als er alles durchgebracht hatte, kam eine große Hungersnot über das Land und es ging ihm sehr schlecht. Da ging er zu einem Bürger des Landes und drängte sich ihm auf. Der schickte ihn aufs Feld zum Schweinehüten. Er hätte gern seinen Hunger mit den Futterschoten gestillt, die die Schweine fraßen, aber niemand gab ihm davon. Da ging er in sich und sagte: Wie viele Tagelöhner meines Vaters haben mehr als genug zu essen und ich komme hier vor Hunger um. Ich will aufbrechen und zu meinem Vater gehen und zu ihm sagen: Vater, ich habe mich gegen den Himmel und gegen dich versündigt. Ich bin nicht mehr wert, dein Sohn zu sein, mach mich zu einem deiner Tagelöhner. Dann brach er auf und ging zu seinem Vater. Der Vater sah ihn schon von weitem kommen und hatte Mitleid mit ihm. Er lief dem Sohn entgegen, fiel ihm um den Hals und küsste ihn. Da sagte der Sohn: Vater, ich habe mich gegen den Himmel und gegen dich versündigt. Ich bin nicht mehr wert, dein Sohn zu sein. Der Vater aber sagte zu seinen Knechten: Holt schnell das beste Gewand und zieht es ihm an. Steckt ihm einen Ring an die Hand und zieht ihm Schuhe an. Bringt das Mastkalb her und schlachtet es, wir wollen essen und fröhlich sein. Denn mein Sohn war tot und lebt wieder. Er war verloren und ist wiedergefunden worden. Und sie begannen, ein fröhliches Fest zu feiern."

Natürlich ist es jedermanns Recht, darüber zu spekulieren, wer, was und wie Gott ist. Es gibt viele Vorstellungen davon in dieser Welt. In jeder Religion und in jedem Kopf steckt eine ganz eigene. Worauf gründen sie sich? Aufs Hörensagen? Auf die eigene Erfahrung? Auf das, was ich gerne von Gott denken möchte und glauben will? Jesus von Nazareth, den man zuerst einen „Lehrer und Propheten" und dann den „Christus und Messias" nannte, spekulierte nicht. Er wusste, wovon er redete. Er wusste es aus dem Wort Gottes des Alten Testamentes und der Beziehung, die er zu „seinem Vater" lebte. „Abba, lieber Vater" nannte er Gott und lehrte auch seine Jünger, so zu beten (Lk 11,2). Diese intime Nähe und vertraute Beziehung zu Gott ist einzigartig unter den Weltreligionen. Sie geht sogar weit über die ursprünglichen jüdischen Wurzeln hinaus und ist etwas grundlegend anderes als die „übliche" Alltagsrede vom „lieben Gott". Einfach gesagt: Gott möchte sich als unser „himmlischer Vater" zu erkennen geben und uns in diese Beziehung zu ihm einladen. Denn das Gleichnis, das Jesus erzählt, ist mehr als nur ein theoretischer, bildhafter Vergleich. Es ist konkreter Spiegel einer praktisch erfahrbaren Realität.

Jesus erzählt vom „Vaterhaus Gottes". Von jenem Ort, an dem wir zu Hause sind und zu Hause sein können. Wir können es jeden Tag sehen und spüren:

Wir leben nicht mehr im Paradies. Unsere Welt ist nicht der Himmel auf Erden. Davon sind wir meilenweit entfernt. Wir wurden in eine zerbrochene und kaputte (wie die Bibel sagt „verlorene" und „erlösungsbedürftige") Welt hineingeboren. Wir werden (ob wir es wollen oder nicht) Teil dieser „Elendsgeschichte", die sich immer wieder neu aus menschlicher Sünde und Schuld, aus Verfehlungen und Versäumnissen unsererseits speist. Auch meinen eigenen. Gott scheint zu oft zu weit weg. Dennoch gibt es eine Sehnsucht in uns. Eine Sehnsucht nach ihm. Ein inneres Wissen, dass er unser ergänzendes Gegenüber und unser inneres Zuhause ist. Dieses Wissen mag verschüttet sein. Wir mögen Gott vergessen haben – oder sogar vergessen haben, dass wir Gott vergessen haben. Aber es kann sich zu Wort melden. Zum Beispiel in Krisen. Wenn es eng wird. Wenn wir die Dinge nicht mehr in der Hand haben. Wenn das Leben uns wie Sand zwischen den Fingern zerrinnt. So sitzt der Sohn in unserer Geschichte verlassen, verarmt und hungrig unter dem Baum. Geht in sich. Denkt nach. Erinnert sich. Spürt, wie die Bilder vom verlorenen Vaterhaus neu zu leuchten beginnen.

Er fasst jenen Entschluss, den jeder von uns fassen kann: "Ich will aufbrechen und zu meinem Vater gehen!" Vor allem aber: Er tut es auch! Er lässt den Worten Taten folgen. So macht er diese Erfahrung, dass der Vater auf ihn gewartet hat. Jahr um Jahr. Geduldig und sehnsüchtig. Dass er ihm offen entgegenläuft, nicht reserviert-abwartend hinter dem Gartenzaun bleibt. Ihn umarmt und herzlich küsst – eben den, der so nach dem Schweiß und Schweinemist von Schuld und Sünde stinkt. Was für ein Empfang. Welche Sehnsucht Gottes nach uns Menschen steckt dahinter! Wir lesen: Der Vater hört sich die gestammelte Entschuldigung des Heimkehrenden nicht einmal zu Ende an. Keine Vorwürfe. Keine Tadel. Keine Bewährungszeit. Nein: Er kleidet neu ein, stellt die Würde als „Kind, Sohn und Tochter Gottes" wieder her. Gott selbst ist nach Feiern, nach Lachen und Tanzen zumute.

Gott hat diese Welt nicht aufgegeben. Gott hat uns Menschen nicht abgeschrieben. Seine Liebe ist größer als alles Trennende. In Jesus von Nazareth, dem Christus, spricht er die leidenschaftliche Einladung aus, zu ihm nach Hause zu kommen. Sie gilt jedem Menschen dieser Erde. In Johannes 3,16 gibt das Wort Gottes uns ein Versprechen: „So sehr hat Gott diese Welt und uns Menschen geliebt, dass er seinen einzigen Sohn Jesus hingab, damit jeder, der an ihn glaubt, nicht zugrunde geht, sondern das ewige Leben hat."

„Gott liebt dich!" – Die Liebe Gottes ist kein bloßes Wort, keine billige Phrase. Sie ist eine erfahrbare Realität und zutiefst heilende Kraft. Gott will auch dir diese Liebe schenken und sich auch dir als himmlischer Vater zu erkennen geben. Vielleicht muss dazu dein eigenes menschliches Vaterbild noch einmal überdacht und reflektiert werden, müssen Missverständnisse, Verletzungen oder falsche Prägungen aus deiner Lebensgeschichte ausgeräumt werden. Für mich persönlich war die Entdeckung der Vaterliebe Gottes die größte Entdeckung meines Lebens. Sie hat mir Antwort gegeben auf meine ureigenste und tiefste Lebensfrage, nach meinem „woher und wohin". Sie wurde für mich zur erfahrbaren und meinen inneren Schmerz heilenden Realität, als jemand mir die Hand auf die Schulter legte, mich im Namen Jesu segnete und dabei sagte: „Michael – Gott liebt dich!" Einfacher geht es wirklich nicht. In Psalm 23,6 heißt es: „Ich aber werde sein und bleiben im Hause des Herrn für Zeit und Ewigkeit." Das ist die Gewissheit, die wir empfangen können. Das ist der Ort, an dem wir zutiefst zu Hause sind und der auf uns wartet.

(2) *„Jesus starb für dich!"*

Beginnen wir auch hier mit einer überlieferten Geschichte aus dem Lukasevangelium (Lk 7,36-50). Es ist die Begegnung Jesu mit einer stadtbekannten „Sünderin" im Hause Simons.

„Jesus ging in das Haus des Pharisäers Simon, der ihn zum Essen eingeladen hatte und setzte sich dort zu Tisch. Als nun eine Sünderin, die in der Stadt lebte, erfuhr, dass Jesus im Haus dieses Pharisäers zu Tisch war, kam sie mit einem Alabastergefäß voll wohlriechendem Öl und trat von hinten an ihn heran. Dabei weinte sie und ihre Tränen fielen auf seine Füße. Sie trocknete Jesu Füße mit ihrem Haar, küsste sie und salbte sie mit dem Öl. Als der Pharisäer das sah, dachte er: Wenn er wirklich ein Prophet wäre, müsste er wissen, was das für eine Frau ist, von der er sich berühren lässt. Er wüsste, dass sie eine Sünderin ist. Da wandte sich Jesus der Frau zu und sagte zu Simon: Siehst du diese Frau? Als ich in dein Haus kam, hast du mir kein

Wasser zum Waschen der Füße gegeben. Sie aber hat ihre Tränen über meinen Füßen vergossen. Du hast mir zur Begrüßung keinen Kuss gegeben, aber sie hat mir, seit ich hier bin, unaufhörlich die Füße geküsst. Du hast mir nicht das Haar mit Öl gesalbt, aber sie hat mir mit ihrem wohlriechenden Öl die Füße gesalbt. Deshalb sage ich dir: Ihr sind viele Sünden vergeben, weil sie mir so viel Liebe gezeigt hat. Wem aber nur wenig vergeben wird, der zeigt auch nur wenig Liebe. Dann sagte er zu ihr: Dir sind deine Sünden vergeben. Dein Glaube hat dir geholfen. Geh in Frieden! Da dachten die anderen Gäste: Wer ist das, dass er sogar Sünden vergibt?"

Warum darf Jesus, der Christus, Sünden vergeben und Schuld vom Tisch wischen? – Die Antwort des Neuen Testamentes ist eindeutig: Weil Gott selbst ihm das Recht dazu verliehen hat. Weil Jesus sich das Recht dazu erworben hat. Durch sein Sterben am Kreuz von Golgatha. Dieser Tod war kein Unfall, kein Versehen, kein Märtyrertod. Jesus starb nicht für seine Ideen und Überzeugungen, für seine Ideale und Lehren von Nächstenliebe und Mitmenschlichkeit. Er starb, um die Schuld und Sünde der gesamten Menschheit „ein für alle Mal" zu sühnen. Er nahm all das, was uns von Gott trennt, auf sich und ließ sich stellvertretend für unsere Verfehlungen, Rebellionen, und Gleichgültigkeiten als „Lamm Gottes" bestrafen. Dieser Gedanke eines „Sühnopfers" knüpft an ein altes jüdisches Vergebungs- und Versöhnungsritual an. Einmal im Jahr wurde (im wahrsten Sinne des Wortes) ein „Sündenbock" aus einer Herde Lämmer ausgewählt. Man legte alle Schuld und Sünde, alle Verfehlungen und Versäumnisse des zurückliegenden Jahres auf ihn und jagte ihn (buchstäblich) „in die Wüste". Dies war auch das eigentliche Lebensziel Jesu (Mt 20,28). Er wurde ein Mensch unter Menschen, Fleisch von unserem Fleisch, um uns die leidenschaftlich suchende Liebe des himmlischen Vaters hautnah zu bringen. Er ging seinen einzigartigen Weg konsequent bis ans Kreuz, damit unsere zerstörte und entfremdete Beziehung zu Gott in Ordnung kommen kann (Phil 2,6-11). Darum darf er von sich selber sagen: „Ich bin der Weg, die Wahrheit und das Leben. Niemand kommt zum Vater außer durch mich" (Joh 14,6).

„Er hat den Schuldschein, der gegen uns sprach, durchgestrichen, und die Forderungen, die uns anklagten, aufgehoben. Er hat ihn dadurch getilgt, dass er ihn ans Kreuz geheftet hat", heißt es im Kolosserbrief (Kol 2,14).

Schon der alte Prophet Jesaja (Jes 53,5) wusste: „Er wurde wegen unserer Sünden zermalmt. Zu unserem Heil lag die Strafe auf ihm. Durch seine Wunden sind wir geheilt". – Wir sind heute weit weg von manchen Bildern des Alten und Neuen Testamentes. Darum sind sie nicht immer so leicht für uns zu verstehen. Warum Gott gerade diesen Weg wählte, einen Menschen „blutig" sterben ließ, seinen eigenen, einzigen und geliebten Sohn opferte und damit einen Teil von sich selbst unendlich leiden ließ: Ich weiß es nicht. Aber ich kann verstehen: In dieser Welt gibt es keine Liebe ohne Schmerz. Weil aber die leidenschaftlich suchende Liebe eines Vaters seine Motivation ist, ist Gott auch sich selbst des Schmerzes nicht zu schade. „Die Liebe ist stark wie der Tod", weiß das Alte Testament aus dem menschlichen Miteinander (Hl 8,6). Doch Gottes erlösende, befreiende und rettende Liebe zu uns „verlorenen" Menschen ist stärker als der Tod!

Man kann das Wort vom Kreuz für eine Dummheit, für ein Ärgernis, für einen Skandal halten. Man kann es aber auch als rettende Kraft Gottes erfahren, die unser Leben verändert und erneuert (1 Kor 1,18). Der Pharisäer Simon diskutierte augenscheinlich gern mit dem klugen und wortgewandten Jesus, den viele „Rabbi" oder „Lehrer" nannten. Darum lud er ihn zu sich ein. Wollte sich stolz mit ihm zeigen und schmücken. Doch die Auseinandersetzung mit Jesus blieb auf der bloßen Ebene des Verstandes. Er ließ ihn nicht wirklich an sich selbst, an sein Innerstes, an das „Eingemachte" heran. Das unterscheidet ihn und den Ausgang der Geschichte von der offensichtlich stattbekannten „Sünderin". Vermutlich eine Hure, zumindest aber eine Frau, die es bekanntermaßen mit der ehelichen Treue nicht so genau genommen hatte. Sie kann und will ihr Innerstes gerade nicht vor Jesus verbergen. Auf die alte Frage Gottes: „Mensch, wo bist du?" antwortet sie vor aller Augen und Ohren: „Hier bin ich! Ich zeige mich so, wie ich bin. Ich komme zu dir, Jesus, wie ich wirklich bin". Sie tritt heraus aus den Verstecken ihres Lebens. Sieht in Jesus ihre Chance. Glaubend. Hoffend. Weinend. Liebend. Kniet nieder vor Jesus, um Vergebung zu empfangen. Den warmen Mantel der befreienden Gnade umgelegt zu bekommen. Amazing grace!

„Jesus starb für mich!" – Es ist ein Augenblick der Demut und Demütigung für unseren ach so tief verwurzelten und verdammten menschlichen Stolz:

Bewusst vor dem Kreuz Jesu zu knien. Sich einzugestehen, ein Sünder zu sein. An der Elendsgeschichte dieser Welt mitgeschrieben zu haben. Das versöhnende Opfer Jesu auch für sich anzuerkennen. Ihn aufrichtig um Vergebung der eigenen Schuld und Sünde zu bitten: Die entfremdete Gottesbeziehung wiederherzustellen. Konkrete Verfehlungen und Versäumnisse zu verzeihen. Von Altlasten der Vergangenheit befreit zu werden und in einen Prozess der Heilung hineingenommen zu werden. Wir haben Gottes Einladung und feste Zusage (1 Joh 1,8-9): „Wenn wir sagen, dass wir keine Sünde haben, führen wir uns selbst in die Irre und die Wahrheit ist nicht in uns. Wenn wir aber unsere Sünden bekennen, dann ist er treu und gerecht. Er vergibt uns unsere Sünde und reinigt uns von allem Unrecht." Du kannst dir ganz sicher sein: Es gibt keine Schuld oder Sünde in deinem Leben, die dir nicht vergeben werden kann. Es gibt keinen Irrweg der Vergangenheit, den er dir nicht vergeben möchte!

Ich will gern erzählen, was mich gelockt hat, vor dem Kreuz Jesu niederzuknien, ein Gebet der Vergebung und der Hingabe an ihn (ein erstes Mal bewusst) zu sprechen. Es zu wagen auch gegen manche Ängste, Zweifel und Widerstände, gegen ein anfängliches diffuses „Unwohlsein". Vor allem aber gegen den verdammten eigenen Stolz und gegen die eigene Scham. Es dann auch immer wieder zu erneuern und zu vertiefen. Es war und es ist der versprochene Friede mit Gott: „Gerecht gesprochen durch unser Vertrauen auf Jesus Christus haben wir Frieden mit Gott", heißt es im Römerbrief (Röm 5,1). Eine reale und spürbare Erfahrung, die ich nicht mehr missen möchte. Es ist genau diese Erfahrung von Vergebung, die uns die Freiheit und Fähigkeit gibt, Jesus zu lieben. Wenn dir also Menschen begegnen, die freimütig bezeugen: "Ich liebe Jesus!" – dann sind das keine überdrehten oder infantilen Spinner. Sie haben vor dem Kreuz Jesu gekniet und einfach nur den warmen Mantel der Gnade empfangen und die befreiende Kraft der Vergebung gespürt.

(3) *„Christus lebt in dir!"*

Stellen wir auch hier eine überlieferte Geschichte aus dem Johannesevangelium voran (Joh 4,4-15). Das Gespräch Jesu am (sogenannten) Jakobsbrunnen mit der Frau aus Samarien.

„Jesus war müde von der Reise und setzte sich an den Jakobsbrunnen nahe der Stadt Sychar in Samarien. Es war mittags gegen 12 Uhr. Da kam eine samaritische Frau, um Wasser zu schöpfen. Jesus sagte zu ihr: Gib mir zu trinken! Seine Jünger waren derweil in den Ort gegangen, um etwas zu essen zu kaufen. Die samaritische Frau sagte zu ihm: Wie kannst du als Jude mich, eine Samariterin, um Wasser bitten? Die Juden verkehrten nämlich nicht mit den Samaritern. Jesus antwortete ihr: Wenn du wüsstest, worin die Gabe Gottes besteht und wer es ist, der zu dir sagt: Gib mir zu trinken! Dann hättest du ihn gebeten, und er hätte dir lebendiges Wasser gegeben. Sie sagte zu ihm: Herr, du hast kein Schöpfgefäß und der Brunnen ist tief. Woher hast du also das lebendige Wasser? Bist du etwa größer als unser Stammvater Jakob, der uns diesen Brunnen gegeben hat? Jesus antwortete ihr: Wer von diesem Wasser trinkt, wird wieder Durst bekommen. Wer aber von dem Wasser trinkt, das ich ihm geben werde, wird niemals mehr Durst haben. Vielmehr wird das Wasser, das ich ihm gebe, in ihm zur sprudelnden Quelle werden, deren Wasser ewiges Leben schenkt. Da sagte die Frau zu ihm: Herr, gib mir dieses Wasser!“

„Jesus, bist du größer als alle anderen?“ – Das ist die Frage, die im Raum steht. Ist Jesus größer und mehr als alle anderen bisherigen, existierenden und kommenden Propheten, Offenbarer und Religionsstifter? Christen antworten: Jesus ist einzigartig! In dreifacher Weise. (1) Jesus ist einzigartig als Prediger der Liebe, der uns einlädt, Gott „Abba, lieber Vater“ zu nennen und eine Beziehung der Liebe und des kindlichen Vertrauens zu ihm zu leben. Diese Liebe dann fortzusetzen zu unserem Nächsten bis hin zu unserem Feind. (2) Jesus ist einzigartig als Versöhner zwischen dem heiligen Gott und uns sündigen Menschen. Er lässt am Kreuz sein Leben los für uns, trägt stellvertretend und sühnend die Strafe für unsere Verfehlungen. (3) Jesus ist einzigartig, weil Gott ihn nicht im Tod gelassen hat, sondern von den Toten auferweckte. Ja: Jesus Christus ist mehr und größer als alle anderen!

Die Sache mit der Auferweckung von den Toten, die wir als Christen zu Ostern jubelnd feiern, mag eine Herausforderung für den Verstand sein. Denn hier durchbricht Gott unsere bekannten Denkmuster. Ein Toter kehrt leibhaftig zurück ins Leben durch die Macht Gottes. In ein erneuertes und verwandeltes Leben. Die Überlieferung bezeugt: Das Grab ist leer. Die Jünger Jesu sind zutiefst verunsichert, denn sie haben den (ohnehin gut bewachten) Leichnam nicht an sich genommen. Angst und Ratlosigkeit machen sich breit. Doch dann erscheint der Totgeglaubte ihnen lebendig und unzweifelhaft, isst und trinkt mit ihnen. Spricht ihnen zu: „Friede sei mit euch! Siehe, ich lebe und ihr sollt auch leben!"

„Fragt die Augenzeugen dieses Ereignisses", kann Paulus in seinen Briefen noch schreiben (1 Kor 15,5ff). Es ist der Glaube an die Auferweckung Jesu durch die neuschaffende Kraft des Heiligen Geistes, der uns zu „Christen" macht und uns nach „Christi" Namen nennt. Ohne das Geschehen von Ostern gäbe es kein „Christsein" und kein „Christentum"! „Wäre Christus nicht auferstanden, dann wären wir Lügner und Betrüger, dann wäre unser Glaube wertlos und unsere Hoffnung leer", kann Paulus sagen (1 Kor 15,14ff) Übrigens: Die Überlieferung von der Auferstehung Jesu im Neuen Testament gehört, ganz objektiv betrachtet, zu den bestbezeugten Ereignissen der Antike! Jedes andere historische Geschehen würden wir bei einer solchen literarischen Quellenlage sofort und ohne Zweifel glauben und für wahr halten.

Doch der Grad der Zumutung steigt noch. Mit der Auferweckung Jesu von den Toten hat Gott selbst „Jesus von Nazareth, dem auferstandenen Christus" den höchst denkbaren Titel verliehen: „kyrios", zu Deutsch „Herr". Ein Titel, den sonst nur der römische Kaiser für sich in Anspruch nahm. Gott bestätigt den „Menschensohn Jesus" als „Sohn Gottes, sitzend und regierend zu seiner Rechten", vor dem sich einmal „alle Knie beugen müssen im Himmel, auf der Erde und unter der Erde" (Phil 2,6-11). So bekennen und besingen es die ersten Christen. Jesus Christus ist der Herr! Die oberste Autorität. Die letzte Instanz. Der Herr unseres Glaubens und Lebens. Der Bürge unserer Hoffnung. Der, dem alle Macht „im Himmel und auf Erden" gegeben ist (Mt 28,18). So kommt Paulus zu dem Schluss (Röm 10,9): „Wenn du mit dem Mund bekennst: „Jesus ist der Herr" und in deinem Herzen glaubst: „Gott hat ihn von den Toten auferweckt" so wirst du gerettet werden".

Wenn wir unser Leben in die Hände dieses „Herrn und Heilandes" legen, uns ihm unterstellen und uns ihm anvertrauen „im Leben und im Tod", wenn wir diesem gekreuzigten und auferstandenen Jesus Christus in uns Raum geben, dann will und wird er in uns zu einer sprudelnden Quelle des Lebens werden. Das meint zum einen: Lebt Christus in uns, dann haben wir mit ihm auch die feste Zusage der eigenen Auferstehung zu einem ewigen Leben. Ein Leben nach unserem Tod im Himmel, im Paradies, in der heilenden Gegenwart und bleibenden Gemeinschaft Gottes. Hier ist auch die letzte und tiefste Antwort auf die Frage nach unserem „woher und wohin" und nach dem Sinn unseres Lebens zu finden. Keine christliche Trauerfeier ist denkbar ohne dieses Jesuswort (Joh 11,25): „Ich bin die Auferstehung und das Leben. Wer an mich glaubt, wird leben, auch wenn er stirbt".

Zum anderen: Lebt Christus in mir, dann wird und will er „hautnah" mit mir sein auf dem Weg durch meinen Alltag. Er lebt in mir als Quelle des (eigentlichen) Lebens. Eine Quelle der Kraft und der Ermutigung, der Hoffnung und des Friedens, des Trostes und der Geduld, der Liebe, der Güte, der Freude. Gottes schöpferischer und neuschaffender Heiliger Geist möchte beginnen, unser Leben zu erneuern, zu verändern, mit Gutem zu füllen. Bitte ihn darum, dass diese Quelle in dir aufbricht! Dass Gottes Heiliger Geist in dir lebt, fließt, weht und lodert. Im Johannesevangelium (Joh 7,37-39) finden wir dazu diese Einladung: „Jesus stellte sich hin und rief: Wer Durst (nach Leben) hat, komme zu mir. Es trinke, wer an mich glaubt. So sagt die Schrift: Aus seinem Innern werden Ströme von lebendigem Wasser fließen. Damit meinte er den Heiligen Geist, den alle empfangen sollten, die an ihn glauben!"

„Christus lebt in mir!" – Für mich bedeutet das ganz praktisch: Ich vergewissere mich jeden Tag in meinem persönlichen (Morgen-)Gebet, dass ich nicht allein unterwegs bin durch meinen „ganz normalen" Alltag. Dass Jesus da ist, von mir eingeladen und willkommen. Ich vergewissere mich, dass er mit mir ist, „Jesus Christus, mein Herr und Heiland, Hirte und Hüter meines Lebens". Dass ich mit ihm heute gut leben und dann auch einmal gut sterben kann. Was immer heute auch geschehen mag: Ich setze meine Hoffnung ganz bewusst auch auf die lebendigen Möglichkeiten Gottes, die immer größer und weiter sind als meine eigenen. Glaube mir: Wer vertraut, den überrascht Gott immer wieder!

(4) *„Glauben heißt, eine lebendige Beziehung zu haben"*

Es ist die so einfache wie griffige Begegnungsgeschichte zwischen Jesus und dem Zöllner Zachäus aus dem Lukasevangelium (Lk 19,1-9), die den „Transfer" der oben genannten Sätze „Gott liebt dich!", „Jesus starb für dich!" und „Christus lebt in dir!" in unser Leben ganz konkret und praktisch auf den Punkt bringt:

„Jesus kam nach Jericho und ging durch die Stadt. Dort wohnte ein Mann namens Zachäus. Er war der oberste Zollpächter und sehr reich. Er wollte gern sehen, wer dieser Jesus sei. Doch weil er klein war, versperrte die Menschenmenge ihm die Sicht. Darum lief er ein Stück voraus und stieg auf einen Maulbeerfeigenbaum, um Jesus zu sehen, der dort vorbeikommen musste. Als Jesus an die Stelle kam, schaute er hinauf und sagte zu ihm: Zachäus, komm schnell herunter! Denn ich muss heute in deinem Haus zu Gast sein. Da stieg er schnell herunter und nahm Jesus freudig bei sich auf. Als die Leute das sahen, empörten sie sich und sagten: Er ist bei einem (ausgemachten) Sünder eingekehrt! Zachäus aber wandte sich an den Herrn und sagte: Herr, die Hälfte meines Vermögens will ich den Armen geben, und wenn ich von jemand zu viel gefordert habe, gebe ich ihm das Vierfache zurück. Da sagte Jesus: Heute ist diesem Haus das Heil geschenkt worden."

Die wesentlichen Inhalte der „Frohen Botschaft von Jesus Christus" sind bereits genannt worden. Gott, der himmlische Vater, möchte uns, seinen Kindern, seinen geliebten Söhnen und Töchtern, für Zeit und Ewigkeit ein bleibendes Zuhause bei sich selbst geben. Jesus Christus möchte uns zum Heiland und Herrn, zum Erlöser und Versöhner, zur Hoffnung unseres Glaubens und Lebens werden. Der Heilige Geist möchte in uns zu einer sprudelnden Quelle, zu einem frischen Wind, zu einem lodernden Feuer göttlicher Lebenskraft und Lebensfreude werden. Die Frage heißt: Wie kommt all dies nun ganz praktisch und konkret in mein Leben hinein?

Es geht dabei weniger um ein angelerntes Wissen oder um ein bloßes Führwahrhalten von bestimmten (Glaubens-)Inhalten. Natürlich muss man wissen, was man glaubt und wem man vertraut! An dieser Stelle macht das Neue Testament keine Kompromisse. Doch vor allem geht es um die persönliche Stellungnahme dazu. Zu der Beschäftigung mit den Inhalten des christlichen Glaubens mit unserem Verstand, zu einem möglichen gefühlsmäßigen inneren „Angerührtsein" muss auch der Wille kommen, der Entschluss. Der Glaube will auf den Punkt gebracht werden. Das Vertrauen will festgeschrieben werden. Es braucht eine bewusste Entscheidung. Gerade weil unser Glaube eine innere Beziehung der Liebe ist und nicht nur ein äußerer Zustimmungs- oder Gehorsamsakt. Eine Beziehung muss ich bewusst eingehen. Ich muss sie festschreiben. Ich muss es aussprechen: „Ich will mit dir leben!" – Die Zachäusgeschichte bringt hier vieles ziemlich gut auf den Punkt:

(a) „Dein Name": Jesus redet Zachäus mit seinem Namen an. Dahinter steht: Gott kennt dich mit deinem Namen, der mehr ist als nur „Schall und Rauch". Dein Name steht für deine unverwechselbare Persönlichkeit und einzigartige Geschichte. Gott kennt dich mit deinem Namen – mit deinem Glück und Unglück, mit deinen Erfolgen und Niederlagen, mit deiner Vergangenheit und deiner Zukunft. Er weiß, wer du bist. Was du wurdest oder nicht werden konntest. Er nennt und er ruft dich bei deinem Namen. Denn er meint dich.

(b) „Dein Versteck": Die meisten Menschen haben sich in einem guten und vermeintlich sicheren Versteck eingerichtet. Gott soll mir nach Möglichkeit nicht zu nahe kommen. Adam zum Beispiel versteckte sich vor Gott, weil er sich schämte, sich schuldig wusste, Angst hatte, sich der Begegnung „so nackt und bloß" nicht gewachsen fühlte. Andere verstecken sich hinter ihren Verletzungen, hinter Bitterkeit und Groll. Bei Zachäus war es einfach neutrale Neugierde. Ich halte das für eine gute Nachricht: Jesus findet uns in unseren Verstecken – wenn wir es zulassen. „Steig vom Baum herunter!" könnte heißen: Komm heraus aus deinem ganz eigenen Versteck. Stell dich der Begegnung mit Jesus und sag: „Hier bin ich!" Gib den Status eines neutralen Beobachters auf und lass ihn „wirklich und hautnah" an dich heran.

(c) „Die Herausforderung": Wer sich der Begegnung mit Jesus stellt, der wird von ihm herausgefordert. „Heute muss ich in deinem Haus zu Gast sein!", sagt er zu Zachäus. Jesus spricht dieses Angebot für jeden von uns aus. Es klingt bestimmt – und lässt uns doch alle Freiheit, es anzunehmen oder abzulehnen. Jesus zwingt nicht, er drängt sich nicht auf, er lässt uns immer die Freiheit der Entscheidung. Aber sein leidenschaftlicher Wunsch steht klar und ausgesprochen im Raum: „Ich möchte in deinem Lebenshaus zu Gast sein!" Wir wissen, das Wort „Gast" steht für: Heiland und Herr, Hirte und Hüter, Versöhner und Erlöser. Es steht für die Liebe des himmlischen Vaters. Die Vergebung des Sohnes Jesus Christus. Die Kraft des Heiligen Geistes. Die neue Freiheit, als Kind Gottes zu leben. Es ist sein Angebot des Lebens für uns.

(d) „Deine Antwort": Zachäus ließ sich nicht zweimal bitten. „Schnell stieg er herunter und nahm Jesu freudig bei sich auf", lesen wir. Zachäus fällt seine Entscheidung für Jesus mit großer Leichtigkeit. Die Vorfreude treibt ihn, vielleicht ahnt er, was er mit Jesus im Zentrum seines Glaubens und Lebens gewinnen kann. Nicht jedem fällt ein persönliches „Ja" zu Jesus so leicht. Es gibt auch manche Ängste und Widerstände, manche Fragen und Zweifel in uns. Die sollten nicht vorschnell entkräftet und leichtfertig vom Tisch gewischt werden. Alles will und soll sorgsam abgewogen sein. Auch ich brauchte mehrere Anläufe, meine „diffusen" Ängste (und Ängstlichkeiten) zu überwinden! Doch wer seinen „Grundzweifel" an Jesus, dem Christus, ausräumen und gegen „Gewissheit" tauschen will, der muss diesen Schritt des Vertrauens wagen. Es gibt kein Vertrauen ohne Wagnis – und kein Wagnis ohne Risiko. Also: Was lockt dich, mit Jesus Christus zu leben? Lass es stärker werden als deine Zweifel und deine Vorbehalte!

(e) „Das Heil": „Heute ist diesem Haus das Heil geschenkt worden!", sagt Jesus. Das Wort „Heil" kommt von dem hebräischen „schalom": Heute ist diesem Lebenshaus Frieden geschenkt worden. Tiefer, versöhnter, echter Friede. Heute ist etwas heil und gut geworden. Heute wurde dieser Mensch zum Teilhaber all des Guten, das Jesus in unser Leben bringen kann und bringen will. Heute ist dieser Mensch ein echtes Kind Gottes geworden. Hat seinen vorbereiteten Platz im Vaterhaus Gottes eingenommen. Dieses Heil wirkt sich aus, beginnt Kreise zu ziehen. Es erneuert das Denken, verändert das Verhalten, befreit zu guten Taten. Ganz ohne Vorhaltungen. Ganz ohne Ermahnungen und Tadel. „Christus in uns" schenkt uns ein neues Leben und neue Lebensmöglichkeiten. „Ist jemand in (diesen Lebensraum) Christus (eingetreten), dann ist er eine neue Schöpfung. Altes ist vergangen. Neues ist geworden.", kann Paulus sagen (2 Kor 5,17). Das ist kein bloßer Wunschtraum. Das ist eine erfahrbare Realität!

In Offenbarung 3,20 bringt Jesus selbst seine Einladung noch einmal auf den Punkt. Ich zitiere paraphrasiert: „Jesus Christus spricht: Ich stehe vor der Tür deines Herzens und klopfe an. Wer meine Stimme hört und die Tür zu seinem Leben öffnet, bei dem werde ich eintreten. Wir werden miteinander essen und trinken, das Mahl der Versöhnung und der Freude halten. Ich mit ihm und er mit mir." Darum lade ich an dieser Stelle konkret ein, ein bewusstes „Ja" zu Jesus Christus zu sagen und zu wagen. Sich mit Glauben und Leben wirklich auf ihn festzulegen. – Bete in aller Schlichtheit und sprich es laut aus:

„Herr Jesus Christus! Ich danke dir, dass du mich mit meinem Namen kennst und mich von Herzen liebst. In dir finde ich ein Gegenüber als Vater und Freund, der mich nie im Stich lässt. Ich weiß, dass ich in meinem Leben Dinge getan habe, die nicht in Ordnung waren. Bitte vergib mir. Danke, dass du auch für mich am Kreuz gestorben bist. Komm durch deinen Heiligen Geist in mein Leben. Ich lade dich bewusst ein. Bleib für immer bei mir. Hilf mir, so zu leben, wie es dir gefällt und deinen Geboten entspricht. Danke, dass du mit mir leben möchtest. Ich vertraue mich dir an, denn ich weiß: Du wirst in allem für mich sorgen. Danke, dass ich dein Kind sein darf. Danke Jesus Christus, mein Heiland, Herr und Hirte. Amen."

Herzlichen Glückwunsch! Denn: Dies ist das Beste, was dir für dein Leben passieren kann. Er ist der Beste, der dir für dein Leben geschenkt werden kann – Jesus, der Christus.

(Auf den folgenden Seiten gibt es weitere Gebete des Vertrauens und der Hingabe, etwa um einzelne Aspekte unserer persönlichen Beziehung zu Gott zu vertiefen.)

"Ich werde sein und bleiben im Haus des Herrn für Zeit und Ewigkeit." (nach Psalm 23)

Gebet (Vater im Himmel – Ich komme zu Dir nach Hause.)

„Gott, mein himmlischer und mich liebender Vater! Ich folge der Einladung, die Jesus ausgesprochen hat: Ich komme jetzt zu dir, als dein Sohn, deine

Tochter, zu deiner Vaterliebe, zu deinem Vaterherzen. Danke, dass du auf mich gewartet hast. Danke, dass du mich empfängst. Du läufst mir entgegen. Du umarmst mich mit deiner Liebe. Du küsst meine Seele. Bei dir darf ich zu Hause sein – geliebt, geborgen und bewahrt. Jeden Tag meines Lebens. Verzeih mir meine Fehler. Heile mich, wo ich verletzt bin. Tröste mich, wo ich traurig bin. Trage meine Lasten mit mir. Gib mir Ruhe für meine Seele. Schenk mir Frieden für mein Herz. Ich vertraue mich dir an für heute und den Rest meiner Tage. Ich hoffe auf dich in Zeit und Ewigkeit – mein himmlischer und mich liebender Vater. In Jesu Namen: Amen."

„Wer ihn aufnimmt, dem gibt er Macht und Recht, ein Kind Gottes zu sein."
(nach Johannes 1)

Gebet (Jesus Christus – Ich gebe Dir mein Leben.)

„Herr Jesus Christus! Ich danke dir, dass du mich kennst. Ich bin dir wichtig. Du liebst mich so, wie ich bin. Weil du auch für mich am Kreuz gestorben bist, bitte ich dich: Vergib mir meine Schuld und Sünde. Vergib die ungezählten Versäumnisse und Verfehlungen meines Lebens. Sprich mich frei von den Altlasten meiner Vergangenheit. So vergebe auch ich denen, die an mir schuldig wurden. Ich verzeihe denen, die mich verletzten. Ich lasse alle Bitterkeit, allen Groll und Hass los. Sprich dein Wort der Versöhnung, des Friedens und der Heilung in mein Leben. Weil du auch für mich auferstanden bist, bitte ich dich: Komme in mein Leben! Sei mir ein Vater und Freund, Heiland und Hirte, auf den ich mich verlassen kann. Ich möchte dein Kind sein, als dein Sohn und deine Tochter leben. Trage mich in meinen Problemen, Sorgen und Ängsten. Begleite mich in meiner Freude, meinem Lachen und meinem Glück. Führe mich deinen guten Weg. Hier bin ich. Alles, was ich bin und habe, vertraue ich dir an.
Jesus Christus: Ich widersage allem Bösen. Ich widersage allem Misstrauen gegen dich. Ich unterstelle mein Innerstes dir. Du sollst die letzte Instanz meines Lebens sein. Ich wage dies im Vertrauen darauf, dass du die Liebe bist. Danke, dass deine Liebe mich für immer festhält. Danke, dass deine Liebe mir ein bleibendes Zuhause gibt. Ich bekenne: Mein Leben gehört jetzt dir, Jesus Christus, meinem Heiland und Herrn. Amen."

„Wer durstig ist, der komme und empfange das Wasser des Lebens umsonst.“ (nach Offenbarung 21)

Gebet (Heiliger Geist – Komm und erfülle mich!)

„Veni, creator spiritus[1] – Komm, Schöpfer Heiliger Geist! Erfülle mein Herz und Leben. Durchströme und durchflute mich mit deinem lebendigen Wasser. Wehe mit deinem lebendigen Atem durch mein Leben. Entzünde dein Feuer in mir. Taufe mich mit Feuer und Geist. Schenke mir deine lebendige Gegenwart. Ergreife und bestimme mich. Erleuchte meinen Verstand, dich tiefer zu erfassen. Stärke meinen Willen, dir mehr und mehr zu gehören. Läutere meine Gefühle und Wünsche. Sei meines Herzens Sehnen und Hoffen.

Du lebendige und neuschöpfende Kraft Gottes: Heile mich, wo ich Heilung brauche. Befreie mich, wo ich unfrei bin. Verändere mich, wo ich der Veränderung bedarf. Erneure mich, wo du mich erneuern möchtest. Forme mich nach deinem Willen. Präge mich nach dem Bild Jesu. Ich bin bereit, deine Gaben anzunehmen und meine Fähigkeiten dort einzusetzen, wo du mich gebrauchen möchtest. Hier bin ich: Sende mich! Komm, ja komm, Herr Heiliger Geist. Veni, creator spiritus! In Jesu Namen: Amen.“

„Jesus Christus hat den Schuldschein, der gegen uns sprach, durchgestrichen und alle Forderungen, die uns anklagten, aufgehoben.“ (nach Kolosser 2)

Ein Brief an Jesus

Manchmal kann es hilfreich sein, sich das von der Seele zu schreiben, was ich Jesus sagen und Gott abgeben möchte – über ein gesprochenes Gebet hinaus oder als intensive Vorbereitung darauf. Wir haben auf unseren Jugendfreizeiten wie in unseren Glaubenskursen für Erwachsene damit immer wieder neu gute Erfahrungen gemacht. Wir ermutigen ausdrücklich

---

[1] Nichtlateiner können die Formulierung „Veni, creator spiritus“ natürlich auch weglassen!

dazu, es zu wagen, einen persönlichen Brief an Jesus zu schreiben. Du darfst und kannst ihm alles schreiben: von deinem Dank und deinem Glück, deinem Gelingen und deiner Lebensfreude, von deinen Lasten und Problemen, deinen Enttäuschungen und deiner Trauer, von deiner Schuld und Sünde, den Verfehlungen und Versäumnissen, von deinen Verletzungen und deiner Bitterkeit, den Altlasten deiner Vergangenheit, von deinen Träumen und Hoffnungen, Wünschen, Sehnsüchten und Zielen. Du darfst für alles danken und um alles bitten. Du darfst ihm, dem dreieinen Gott, dein Leben anvertrauen, deinem dich liebenden himmlischen Vater, der dir Vater und Mutter zugleich ist, deinem Herrn und Heiland Jesus Christus und dem lebensschaffenden und erneuernden Heiligen Geist. Es ist wichtig, den Brief eindeutig an „Jesus Christus" zu adressieren, ihn mit dem eigenen Namen zu unterzeichnen – und ihn auch „abzuschicken", sprich, ihn wirklich aus der Hand zu geben. Man kann ihn zum Beispiel unter ein Kreuz legen oder vor einer Kerze ablegen, sein Gebet dazu sprechen und ihn dann anschließend ungeöffnet verbrennen. Sei sicher: Gott wird darauf antworten! Du darfst darauf vertrauen. Das darfst du erwarten. Denn auch dir gilt seine Zusage und sein „Heilandsruf": „Kommt zu mir, die ihr euch plagt und Lasten zu tragen habt. Ich will euch Ruhe schenken, denn ich bin gütig und von Herzen demütig." (Mt 11,28-30)

„Ist jemand in Christus, dann ist er eine neue Schöpfung." (nach 2. Korinther 5)

Ein Lied vom neuen Leben in Christus

When I did see You first, I didn't recognise You. When You called out my name, I didn't want to hear. It took a long, long time, but now I understand it. You love me more than I can ever love someone. I cry, oh Lord, be with me now. I cry, Lord, don't leave me alone.

You're my guide and my salvation. You're the light that's in my heart. You're the strength that keeps me going on my way. Take me where You want to see me, let me walk as You would walk. Jesus, I will give my life into Your hands.

Now I can feel Your love every day I'm living. Now I can shout it out: Jesus loves me too. For all eternity I'm sitting at Your table. You give community all Christians on the earth. We cry, oh Lord, be with us now, we cry, Lord don't leave us alone.

You're our guide and our salvation. You're the light that's in our hearts. You're the strength that keeps us going on our ways. Take us where You want to see us, let us walk as You would walk. Jesus, we will give our lives into Your hands.

(Alle Rechte für Text und Musik bei Volker Tiedt, 1995 Kropp.)

Mein Morgengebet

„Im Namen des Vaters, des Sohnes und des Heiligen Geistes: Amen. Jesus Christus, ich liebe und lobe deinen herrlichen und heiligen Namen, der auch über meinem Leben ausgerufen ist.

Du bist der Herr und Heiland, Hirte und Hüter meines Lebens. Danke für die Ruhe der Nacht und das Licht dieses neuen Tages. Danke, dass du heute da bist - voller Gnade und Kraft, voller Liebe und Barmherzigkeit. Darum vertraue ich mich dir neu an für heute und den Rest meiner Tage. Du bist mit mir. Du achtest auf mich. Du sorgst für mich.

Du bist mein Erlöser, das Lamm Gottes, das auch meine Sünde trägt. Darum bitte ich dich: Vergib mir meine Schuld und Sünde, meine Verfehlungen und Versäumnisse gegen Menschen, gegen dich, gegen mich selbst. Berühre mich mit deiner Gnade und Barmherzigkeit und sprich mich frei und gerecht. Hilf mir, heute so zu leben, wie es dir und deinem Willen entspricht. Gib mir wache Augen und offene Ohren, ein freundliches Wort und eine gute Tat für die Menschen, die heute meinen Weg kreuzen.

Komm und erfüll mich, Herr Heiliger Geist! Gib mir die Kraft, die ich für den heutigen Tag brauche. Werde größer und stärker in mir. Schaffe dir Raum in meinem Denken, Reden und Tun. Durchflute und durchdringe mich. Erneure mich und verwandle mich in das Bild, das du von mir hast.

Jesus, bewahre und begleite mich, wenn ich heute (   ). Schütze mich vor allem Bösen. Weil ich unter deinem Segen und Frieden gehen und leben darf, bringe ich auch die Menschen vor dich, die mir besonders am Herzen liegen (   ). Du weißt, was sie heute brauchen. Schenke es ihnen. Segne und bewahre sie vor Unfall und Gefahren, vor Krankheit und Tod. Danke, dass du heute mit mir bist, Jesus Christus, mein Herr und Heiland. Amen."

Mein Abendgebet

„Himmlischer Vater, gelobt und gepriesen seist du. Ich danke dir für den zurückliegenden Tag. Du hast mich begleitet. Du warst nah in allem, was mir heute begegnet ist. Danke für deine Liebe zu mir. Danke für deine Sorge um mich. Danke für all das Gute, dass du mir heute geschenkt hast (   ). Doch ich nehme auch das aus deiner Hand an, was nicht so leicht war, was mir Angst macht und mir jetzt bis in den Abend hinein nachgeht (   ). Ich lege es zurück in deine gütigen Hände. Ich weiß, du führst mich sicher und gut.

Vater, ich bitte dich: Reinige mein Herz durch das heilige Blut, das Jesus auch für mich vergossen hat am Kreuz auf Golgatha. Vergib, wo ich schuldig wurde, was ich versäumte und verfehlte (   ). Zugleich vergebe auch ich denen, die an mir schuldig wurden, die mich verletzten. Die Sonne soll nicht über meinem Zorn und Ärger untergehen, damit er sich nicht als Groll und Bitterkeit in mir festsetzt. Darum segne ich diese Menschen in deinem Namen (   ).

Mit allem, was ich bin und habe, vertraue ich mich dir und deinem Erbarmen an. Gib mir und all den Menschen, die mir wichtig sind, eine ruhige und behütete Nacht, bewahrt und geborgen in deinem Schutz und Frieden. Segne unseren Schlaf und sei in unseren Träumen. Danke, dass ich dein geliebtes Kind bin für Zeit und Ewigkeit. In Jesu Namen: Amen."

Frieden mit Gott (Basics II)

„Gerecht aus Glauben haben wir Frieden mit Gott!" Kennst du diese Erfahrung? Hast du Sehnsucht nach ihr? *„Gerecht gesprochen durch unser Vertrauen auf Jesus Christus haben wir Frieden mit Gott!"* Ich liebe diesen Satz aus dem Römerbrief (Röm 5,1ff). Er atmet wie kaum ein anderer die elementare und reale Grunderfahrung unseres Glaubens: Frieden!

„Gerecht aus Glauben haben wir Frieden mit Gott!" Dieser Satz weckt Erinnerungen an meine Kindheit, als in den Gottesdiensten der freikirchlichen Gemeinde, die wir manchmal besuchten, voller Inbrunst und Hingabe gesungen wurde: „Wenn Friede mit Gott meine Seele durchdringt". Ein Lied, das in deren Gesangbuch, dem Pfingstjubel, unter der Rubrik „Heilsgewissheit, Heilsfreude und Heilsgenuss" zu finden war. Da wurde schon heute das Bürgerrecht im Himmel gefeiert, der Vorgeschmack des Paradieses gekostet. Ein Lied, das nach fast 50 Jahren immer noch in mir nachklingt. Ja, wir können einen tiefen, echten und versöhnten Frieden haben mit unserem Gott!

Dieser Satz weckt Erinnerungen an die noch im „schneegrieselnden" Schwarz-Weiß-Fernsehen übertragenen Großveranstaltungen des amerikanischen Evangelisten Billy Graham, der die Menschen zu Hunderten nach vorne an den Altar und unter das Kreuz rief, um Frieden mit Gott zu schließen. „Ich komm zu dir, so wie ich bin. Gottes Lamm, ich komm, ich komm!" hieß es in dem einladenden Lied dazu. Nicht wenigen liefen die Tränen der Befreiung und des Glücks über die Wangen. Irgendwie mit dem ganzen Körper und über den bloßen Kopf und Verstand hinaus zu fühlen, zu spüren und zu wissen, dass „ich erlöst bin". Dass ich jetzt mit Gott im Reinen bin, ganz zu ihm gehöre als sein geliebter Sohn und seine geliebte Tochter, bei ihm mein Zuhause habe für alle Zeit und Ewigkeit.

„Gerecht aus Glauben haben wir Frieden mit Gott!" Dieser Satz erzählt von meiner eigenen Lebensgeschichte. Von der Erfahrung, die ich bereits mit 12 Jahren machen durfte. Obwohl ich aus einem richtig „christlichen und frommen" Elternhaus kam und den Glauben an Jesus quasi schon mit der Muttermilch aufgesogen und inhaliert hatte, er selbstverständlicher Teil meines Lebens war inklusive Bibellesen und Beten, spürte ich dennoch, dass ich mit Gott irgendwie noch nicht im Reinen war. Mir fehlte dieser versöhnende Friede, von dem die anderen so inbrünstig und hingebungsvoll sangen. Das änderte sich erst, als ich mich hinkniete und betete: „Jesus, komme in mein Leben. Sei mein Erlöser, mein Herr und Heiland. Vergib auch mir meine Schuld und Sünde. Mache auch mich zu deinem Kind." Ein ganz einfaches Gebet, eine Entscheidung, die natürlich im Lauf meines Lebens wachsen und reifen und sich bewähren musste – über den naiven Kinderglauben hinaus. Und doch, seit diesem Tag, dem 12. Juli 1975, hatte ich nie wieder grundsätzlichen Zweifel daran, zu wem ich gehöre und wo ich zu Hause bin. Darum bin ich auch immer wieder zu dieser Grundentscheidung zurückgekehrt, habe sie willig und gerne erneuert und vertieft.

„Gerecht aus Glauben haben wir Frieden mit Gott!" Dieser Satz ist keine theologische Theorie, keine idealistische Wunschvorstellung. Er beschreibt schlicht und einfach die real erfahrbare, elementare christliche Grunderfahrung, die jedem offensteht, die Menschen immer wieder machen und machen können. Ich weiß noch wie heute, wie wir alle eine gehörige Gänsehaut bekamen, als eine noch relativ junge, aber schon vom Krebs unwiderruflich gezeichnete Teilnehmerin am Ende einer unserer Glaubensgrundkurse sagte: „Ich habe nicht auf alle Fragen eine Antwort gefunden, aber Frieden. Ich weiß jetzt, zu wem ich gehöre und wo ich zu Hause bin."

Es war schon der alte Kirchenvater Augustinus, der die Sache des Friedens mit Gott auf den Punkt brachte: „Des Menschen Herz ist unruhig, bis es Ruhe findet in dir, oh Gott". Der Schlüssel dazu liegt in dem, was Jesus, der Auferstandene, in schlichten und einfachen Worten sagt: „Sieh her! Ich stehe vor der Tür deines Herzens und klopfe an. Wer meine Stimme hört und die Tür seines Lebens öffnet, bei dem werde ich eintreten. Wir werden das Mahl der Versöhnung und des Friedens halten – ich mit ihm und er mit mir".

Je älter ich werde und je länger ich Pastor bin, desto stärker komme ich in aller Schlichtheit und Naivität auf das Gebet einer konkreten Einladung und wirklich ausgesprochenen Lebenshingabe an Jesus Christus zurück. Weil ich keine bessere Alternative kenne, den lebendigen Gott in unser Leben hineinzuziehen und ihm dort Raum zu geben. Man kann zwar auch in den Glauben und in ein persönliches Vertrauen zu Jesus „mit der Zeit hineinwachsen" – und doch begegnen mir zu viele Menschen und Christen, die ihren „Grundzweifel" an Jesus, dem Christus, nie überwinden und unter die Füße bekommen konnten. Das aber weiß ich und erlebe es immer wieder: Der Friede mit Gott stellt sich ein, wenn ich mein Leben im ausgesprochenen Hingabe-Gebet in seine Hand hinein loslasse, mich ihm ganz anvertraue, Jesus, meinem Herrn und Heiland, dem Hirten und Hüter meines Lebens.

Ich weiß, dass ein solcher Schritt, ein solches Gebet mindestens beim ersten Mal nicht leicht von den Lippen geht und sehr schwerfallen kann. Denn es gibt auch unbestimmte Ängste vor Gott in uns, vor dem heiligen Gott, der zugleich unbedingte Liebe und verzehrendes Feuer ist. Denn es gibt einen tiefen Zwiespalt in uns. Wir wollen, dass Gott in unserem Leben ist, aber doch nicht zu sehr, zu tief, zu viel, nicht zu bestimmend. Denn es ist ein Augenblick der Demut und Demütigung gegen unseren verdammten und so tief in uns verwurzelten menschlichen Stolz, vor dem Kreuz Jesu zu knien, seine Erlösungstat auch für mich anzuerkennen. Doch lockt nicht das, was mich auf der anderen Seite erwartet? Ein tiefer und versöhnter Friede mit Gott, „der meine Seele durchdringt"? Mehr noch, der immer wieder bis ins Körperliche hinein spürbar mich als ganzen Menschen erfasst, hält und trägt?

„Durch ihn, Jesus Christus, haben wir den Zugang zur Gnade erhalten", sagt Paulus. Mit dem Wort „Gnade" beschreibt er mindestens drei Dimensionen des Friedens, der mit Jesus, dem Christus, in unser Leben hineinkommen und sich ausbreiten will:

1. Die Erfahrung des Friedens, die aus der konkreten Vergebung kommt.

Ich darf meine Schuld und Sünde, mein Versäumen und Versagen, die Fehler und Altlasten meiner Vergangenheit zu Jesus bringen. Er ist das Lamm Gottes, das der Welt Sünde trägt. Er ist das Opferlamm Gottes, das auch meine Schuld auf sich nimmt. Wer schon einmal Schuld und Sünde konkret vor Gott bereut und bekannt hat und aus der Tiefe seines Herzens um Vergebung bat, der weiß, wie sich der warme Mantel der Gnade anfühlt, der einen dann umhüllt. Ob wir uns das eingestehen wollen oder nicht: Schuld und Sünde trennen uns nach klarer Aussage des Wortes Gottes von Gott. Wenn wir mit Gott ins Reine kommen wollen, dann müssen diese Dinge von uns zu ihm, zum Kreuz Jesu, gebracht werden. Dann können sie uns vergeben werden. Billiger geht es nicht. Billiger ist auch die Erfahrung von Gottes Frieden und neuer Freiheit nicht zu haben. Wenn dich konkrete Schuld quält oder ein sündiges Verhalten wieder und wieder einholt: Dann suche die Beichte, das entlastende Gebet. Es wird dich frei machen und dir Frieden geben!

2. Die Erfahrung des Friedens, die aus dem Verzeihen kommt.

Wer in seinem tiefsten Innern weiß, dass ihm vergeben wurde, dass er freigesprochen wurde vom Versagen und Versäumnissen der Vergangenheit, der gewinnt eine neue Freiheit, auch anderen Menschen zu vergeben und zu verzeihen. Jesus ist da sehr klar: „Vergib uns unsere Schuld, wie auch wir vergeben unsern Schuldigern." Im Nachsatz zum Vaterunser sagt er sogar: „Wenn ihr nicht vergebt, wird auch euer himmlischer Vater euch nicht vergeben." Welche Herausforderung! Niemand sagt, dass das einfach ist. Doch Jesus sagt, dass es geht. Er fordert uns offen dazu heraus. Manchmal, bei wirklich tiefsitzenden Verletzungen, kann das ein langer und schmerzhafter Prozess sein. Doch in den meisten Fällen ist dies deutlich mehr eine Frage des Wollens als denn des Könnens. Will ich meinen Groll und meine Bitterkeit loslassen? Will ich den aus seiner Schuld mir gegenüber entlassen, der mich so unendlich verletzt hat? Jesus ist überzeugt: „Weil ich dir vergab, kannst auch du vergeben!" In dem uralten Wort „Heiland", der Jesus für mich sein möchte, steckt das Wort „Heilung". Wenn ich möchte, dass auch meine inneren Verletzungen „durch den Frieden mit Gott" heilen, dann komme ich nicht daran vorbei, auch anderen Menschen zu vergeben und zu verzeihen, Groll und Bitterkeit loszulassen, die elenden und einengenden Fesseln abzustreifen, die mich an eine schmerzende Vergangenheit binden. Ich aber darf im Namen Jesu eine neue Freiheit erleben und in den Prozess einer inneren Heilung hineinkommen! Wenn du spürst, dass es an der Zeit wäre, Groll und Bitterkeit endlich abzustreifen, dann beginne zu vergeben und vielleicht mit einem erfahrenen Christen oder Seelsorger auch gemeinsam darum zu beten!

3. Die Erfahrung des Friedens, die aus dem Wissen kommt, „zu wem ich gehöre und wo ich zu Hause bin".

Wer sich Jesus im Gebet einmal ganz und grundsätzlich anvertraut und etwa sagt: „Jesus, ich lasse mich los, lege mein Leben ganz in deine Hände. Ich will dir gehören für Zeit und Ewigkeit", der gewinnt letztlich diese Gewissheit, dieses tief eingewurzelte innere Wissen: Ich habe meinen Platz im Vaterhaus Gottes. Ich gehöre wirklich und untrennbar zu ihm, zu Gott, meinem Vater, als sein geliebter Sohn, als seine geliebte Tochter. Seine Liebe wird mich halten, auch in Schmerz und Leid, in allen Schicksalserfahrungen. „Nichts kann uns trennen von der Liebe Gottes, die in Jesus Christus ist", sagt Paulus. Das schafft ein gutes Stück Geborgenheit in der unbarmherzigen Kälte und Härte dieser Welt. Das schenkt eine mutige Freiheit zu leben. Das Wissen um mein großes Ziel am Ende der Zeit, den Himmel, das Paradies, lässt mich ahnen, dass mein Leben heute Sinn ergibt und einen Sinn hat. Ich darf in diesem Wissen ruhen, dass ich bei ihm, meinem himmlischen Vater, für alle Zeit wirklich zu Hause bin. Wenn du Sehnsucht und Verlangen nach dem Vaterhaus Gottes hast, dann komme ganz bewusst nach Hause in die Liebe und den Frieden deines dich liebenden himmlischen Vaters!

Dennoch, wer sein Leben „ganz und grundsätzlich" in die Hände Jesu gelegt hat und ihm vertraut, wird nicht zum Übermenschen. Wir werden nicht aus den Spannungsfeldern dieser Welt herausgenommen. Wir sind und bleiben mitten in dieser Welt, so wie sie ungeschminkt und ungeschönt ist in ihrer oft beinharten Realität. Wir sind und bleiben ganz menschlich und allzu menschlich den alltäglichen Herausforderungen von Ungewissheit und Angst, von Krankheit, Leid und Tod ausgesetzt, die uns nach wie vor gehörig fordern und zusetzen können. Doch wir sind eben nicht mehr allein „nackt und bloß" diesen Herausforderungen ausgesetzt. „Die Liebe Gottes ist ausgegossen in unsere Herzen durch den Heiligen Geist, der uns gegeben ist", ruft Paulus uns zu. Gottes Kraft ist in unserem Leben! So dürfen wir darum bitten, dass eben diese Kraft des Heiligen Geistes mit jedem Tag spürbar in uns zunimmt, uns hält und trägt, uns stärker, geduldiger und hoffnungsvoller macht, die Herausforderungen unseres irdischen Lebens anzunehmen und zu bestehen.

Nennen wir ihn Günther (Name geändert): Sein Platz ist leer und wird leer bleiben. Ein Mann, der seit einigen Jahren dabei war, nie eine unserer „Männerzeiten" ausließ, 68 Jahre alt, korpulent. Er saß meist etwas am Rand, war immer der erste an seinem angestammten Tisch. Schon vor einiger Zeit hatte er sich darauf eingelassen, sein Leben in einem Gebet Jesus anzuvertrauen. Er erneuerte und vertiefte dieses Gebet nach und nach ein paar Mal im Beisein von Zeugen, ließ sich wiederholt für seinen Glauben und sein Leben segnen. Günther trug bedrückende Altlasten aus seinem vorherigen Leben mit sich, etwa aus seiner Zeit als Soldat einer Spezialeinheit oder aus seiner ersten zerbrochenen Ehe und Familie. Er rang hart mit manch eigenem Fehlverhalten wie mit den Schicksalserfahrungen der Vergangenheit. Er tat es bewusst vor Gott und fand über vielem Frieden. Wenige Wochen vor seinem Tod schenkte Gott ihm einen Traum über sein Lebensende. Er konnte nicht sofort alles deuten und verstehen, manches blieb zunächst diffus und unklar. Aber er konnte danach sagen: Ich habe keine Angst mehr vor dem Sterben und vor dem Tod. Jesus wird mich tragen und erwarten, wenn es soweit ist. Es sollte nicht lange dauern. Wie aus heiterem Himmel erlitt er eine Hirnblutung. Nach einigen Wochen zwischen Wachzustand und Koma, zwischen Hoffen und Bangen schloss er still die Augen für immer. Doch er ging nicht einfach weg. Günther wusste: Ich komme nach Hause.

„Gerecht aus Glauben und in unserem Vertrauen auf Jesus Christus haben wir Frieden mit Gott!" Das ist keine theoretische, theologische Phantasie. Es ist erlebbare Realität und erfahrbare Wirklichkeit für den, der es wagt, ganz auf Jesus, den Christus zu setzen – heute schon mitten im Leben und dann auch einmal im Sterben. Es ist die Erfahrung, die ich dir von ganzem Herzen wünsche und zu der ich dich einladen möchte, weil es das Beste ist, was einem Menschen passieren kann. Vielleicht können und dürfen dir die vorformulierten und vorne abgedruckten Gebete bei dieser Entdeckung helfen.

GEDANKEN (EIN BISSCHEN THEOLOGIE)

Die folgenden Gedanken, Überlegungen und Überzeugungen sind von dem ehrlichen und offenen Eingeständnis begleitet, dass auch in meiner Arbeit und in unserer Gemeinde „die Bäume nicht in den Himmel gewachsen sind". Hätten wir nur intensiver beten, mutiger predigen, mehr erwarten, stärker glauben, fröhlicher bekennen, brennender lieben, strategischer denken, methodischer vorgehen, härter arbeiten, mehr Opfer bringen und eine tiefere Hingabe leben sollen zwischen „Können und Müssen"? Wer wollte diese Frage schon mit „Nein" beantworten! Vielleicht aber hängt doch mehr, als wir uns oft eingestehen wollen, vom „kairos", dem Zeitpunkt Gottes, ab. Allein von der Gnade unseres souveränen, unverfügbaren und segnenden Gottes „zu seiner Zeit an seinem Ort". So bin ich dankbar für jeden einzelnen Menschen, in dem sich das Wort und Reich Gottes einwurzelt und die Sehnsucht nach Gottes Zukunft weckt. Der diese Vision festhält und seine Berufung lebt, geduldig und ohne aufzugeben. Für heute und für morgen.

Mit „Worship" möchte ich ein Stück grundlegendes und konkretes Arbeitsmaterial (erwachsen aus meiner eigenen Lebens- und Lobpreisgeschichte) zu diesem Thema anbieten für alle, die sich als Einzelne, als Gruppe oder Gemeinde auf den Weg machen, im Bereich Lobpreis aktiv zu werden. Lebendiger Lobpreis ist ein wichtiger (äußerer und innerer) Baustein von Erneuerung – weil er „neuen Wein in neue Schläuche" füllen kann.

Mit „Pia desideria" möchte ich zuerst „meine" Nordkirche an unsere eigentliche „Kernkompetenz Jesu Christus" erinnern und ermutigen, konzentrierter und fokussierter auf die lebendige Gegenwart des Gekreuzigten und Auferstandenen zu setzen. Es ist überall zu spüren, dass Kirche sich verändert (und verändern muss), Volkskirche immer weniger Volkskirche ist, Traditionen abbrechen, die liberale Universitätstheologie keine einladende und überzeugende innere Zukunftsperspektive gibt. Wir dürfen neuen Mut fassen in „Mission und Evangelisation", denn „Christus ist derselbe – gestern, heute und in Ewigkeit".

Mit „Pfingsten" möchte ich die Sehnsucht wecken, sich mit dem „Status quo" nicht einfach so zufriedenzugeben. Ist Gottes Geist wirklich schon am

Ziel in meinem Glaubens- und Alltagsleben, in „meiner" Gemeinde, in „unserer" Kirche? Mach dich auf den Weg zu erforschen, was Gottes Heiliger Geist dir selbst, seiner Gemeinde und seiner Kirche, unserer Gesellschaft und unserem Land (möglicherweise ganz neu) geben will. Lass dir die Sehnsucht nach Erneuerung und Erweckung, nach dem „Reich Gottes" ins Herz schreiben!

Worship – Eine kleine theologische Einführung[2]

„Come, now is the time to worship! Come, now is the time to give your heart! Come, just as you are to worship! Come, just as you are before your God. Come! Willingly we choose to surrender our lives. Willingly our knees will bow. With all our heart, soul, mind and strength, we gladly choose you now."

(Brian Robert Doerksen, 2008)

Eine Bewegung von „Lobpreis und Anbetung"

Dies ist eine kleine theologische Einführung in „Lobpreis und Anbetung" (Worship) zwischen Freiheit und Hingabe. Diese neue Art des Singens (Kombination einzelner Lieder zu einem Ganzen) wurde im Raum der charismatischen und neo-pentecostalen Bewegungen in Deutschland seit den 1980er Jahren wesentlich durch „Jugend mit einer Mission" und die „Vineyard"-Bewegung angestoßen. Vorläufer war das „Chorussingen" in freikirchlichen (pfingstkirchlichen) Gemeinden. Viele Impulse gingen neben „Bethel – Music" von „Hillsong" (Australien) aus. Trendsetter seit etwa 10 Jahren ist „Jesus Culture". Wir stoßen heute auf eine „Generation Lobpreis" (Studie von 2018), in der viele Jugendliche und Erwachsene über alle landeskirchlichen und freikirchlichen Grenzen hinweg einen - wenn nicht den - wesentlichen Stützpfeiler ihres engagiert gelebten christuszentrierten Glaubens im Worship sehen.

Inzwischen ist Worship durch internationale Songwriter und Worshipleader weit über den pentecostalen, charismatischen und evangelikal-pietistischen Einzugsbereich hinaus weltweit verbreitet und hat seinen Platz in der persönlichen Spiritualität wie im Gottesdienst gefunden. In „praise and worship" - Mitsingkonzerten werden international riesige Hallen und Stadien gefüllt (> God – TV). Als zeitgenössische und zeitgemäße Musik (in Pop-/Rock-/Gospelstil und Instrumentierung der säkularen Unterhaltungsmusik)

---

[2] Die Einführung erhebt keinen Anspruch auf Vollständigkeit. Sie ist als praktisches Arbeitspapier und Anregung zum weiteren Selbststudium gedacht.

spiegelt sie das aktuelle Glaubens- und Lebensgefühl der Gegenwart wider – auf der Suche nach geistlicher „Frische", oft gepaart mit der Sehnsucht nach Aufbruch, Veränderung und Erneuerung. Entwickelt aus einfachsten Anfängen heraus wurde und wird die Musik heute immer anspruchsvoller und braucht den Qualitätsvergleich mit säkularer Musik längst nicht mehr zu scheuen (> Hitlisten in den USA).

Man schätzt, dass rund um den Erdball zur Zeit mindestens 600 – 800 Millionen Menschen in ihren Gottesdiensten diese Musik verwenden, Tendenz stark steigend. Kaum eine moderne christliche Jugendarbeit und kaum ein neues Liederbuch kommt auch durch die Verbreitung über das Internet um diese Musik herum, ob als echter Worship oder steinbruchartig „nur" als neues christliches Liedgut.

Theologische Wurzeln

Worship wurzelt in einer Grundhaltung der Hingabe gegenüber dem dreieinen Gott (Röm 12,1-3) und ist Antwort auf sein barmherziges Sein und Tun: „Angesichts des Erbarmens Gottes ermahne und ermutige ich euch: Verschenkt und gebt euch selbst als lebendiges und heiliges Opfer, das Gott gefällt [...], wandelt euch und erneuert euer Denken!". Grundsätzlich ist „Worship" (Lobpreis) eine Form des Gebets, des gesungenen Gebets im Sinne der alten Erkenntnis „Wer singt, der betet doppelt" (Augustinus). Singen verlangsamt die Sprache und intensiviert für den Singenden den gebeteten, angebeteten, meditierten Inhalt.
Die theologischen Wurzeln dazu sind:

1. „Erfahrung" (Johannes 1 „Das Wort wird Fleisch"): Die Befreiungserfahrung in der Gottesbegegnung setzt das neue Lied und Lob frei. Der Urlobpreis der Bibel ist das Lied des Mose in Exodus 15 auf den „Gott, der in die Freiheit führt". Gott selbst wird zum „Lied und zur Stärke" (Neh 8,10). Dank betont die Tat (das „was"), und Lob besingt den, der die Wunder tut (den „wer"). Lob ist die Antwort des Glaubenden auf das sich in unserem Leben real manifestierte Handeln wie auf das ewige Sein Gottes: „Singt Gott ein neues Lied, denn er tut Wunder." (Ps 118,14-24 und andere Dankpsalmen).

2. „Antwort": Befreiungserfahrungen, die Menschen zu Lobpreisern machen, können verschiedene Durchbruchserfahrungen aus (neuen) Gottesbegegnungen sein: Erfahrung von Freiheit durch Befreiung, Vergebung und Versöhnung, Lebenshingabe und persönlich erneuerter Beziehungsglaube zu Jesus, Umkehrerfahrungen, Erfahrung der Vaterliebe Gottes und „nach Hause kommen", innere und äußere Heilungserfahrungen, Erfahrungen mit dem Heiligen Geist (Erfüllung, Taufe im Heiligen Geist, Geistesgaben, Glossolalie). Neue Gottesbegegnungen führen zu einem neuen Lob: „Neuer Wein will und drängt in neue Schläuche". > 2 Kor 3,17 „Wo der Geist Gottes ist, da ist (neue) Freiheit" > 2 Kor 5,17 „Ist jemand in Christus, ist er eine neue Schöpfung".

3. „Gewissheit": Getragen wird Worship von einer Grundüberzeugung und Zusage: „Gott thront über und in den Lobgesängen seines Volkes" (Ps 22). Er „wohnt" dort und kommt real dorthin, wo er gelobt und ihm gesungen wird. Dazu kommt die Jesus-Verheißung: „Wo zwei oder drei in meinem Namen versammelt sind, da bin ich mitten unter ihnen". (Mt 18,20). „Wir kommen mit Gewissheit zum Thron der Gnade." (Heb 4,16) „Wir dürfen zu Gott kommen." (Heb 10,19-23; Ps 24) „Wir bringen das Opfer des Lobes", das aber nicht von der praktischen dienenden Tat getrennt werden sollte (Heb 13,15).

3a. Zu „Gott wohnt im Lobpreis seines Volkes" gibt es auch ein theologisches Denkmodell, das sich an die alttestamentliche Stiftshütte bzw. die Wiederherstellung der „Hütte Davids" anlehnt. (Amos 9,11+12; 1 Chr 15,1). Gott zeigt sich, wie schon zuvor als Flamme im nicht verbrennenden Dornbusch (Ex 3), unverkennbar in der gegenwärtigen nie verlöschenden Flamme im Heiligtum vor Altar und Bundelade, und die natürliche Reaktion darauf sind Lobpreis und Anbetung sowie Fürbitte (1 Chr 15 und 16). Hier wurde ein „24-Stunden Anbetungs-Schichtdienst der Herrlichkeit Gottes" – ausgeführt von den Leviten – für den Lobpreis eingeführt, eine neue, von David begründete Art des Lobpreises und der ständigen Anbetung des präsenten Gottes. Nach 1 Petr 2,9 ist dies auch unsere Berufung (> „Allgemeines Priestertum"). In Apg 2,3 lässt sich diese Flamme des Geistes Gottes („Zungen wie von Feuer") auf den Aposteln nieder. Der glaubende und geisterfüllte Mensch wird selbst zur Wohnstatt und dem Tempel Gottes.

Die Antwort, Reaktion des Menschen ist Lobpreis, Anbetung und Verkündigung Jesu, des Mensch gewordenen, gekreuzigten und auferstandenen Christus.

4. „Haltung des Himmels": Lobpreis ist die Haltung und Realität des Himmels, denn Gott ist heilig. Gott verdient es einfach, um seiner selbst willen gelobt und angebetet zu werden. Er verdient unsere Fokussierung und Konzentration auf ihn, unsere ungeteilte Hingabe. Gott ist im Himmel vom Lob und der Anbetung aller Kreatur umgeben, alle Geschöpfe dienen ihm im Lob seiner Herrlichkeit und Heiligkeit, seiner Majestät und Größe. (Jes 6; Offb 4; Phil 2). In Offb 15,3-4 werden vor dem Thron Gottes das Lied des Mose und das Lied des Lammes gesungen. „Wir sind bestimmt zum Lob seiner Herrlichkeit" – schon jetzt auf Erden durch unser Lob und Sein wie dann einmal im Himmel (Eph 1,1-14).

Lobpreisende und anbetende Hymnen der Urchristenheit

> „Seid untereinander so gesinnt, wie es dem Leben in Jesus Christus entspricht: Er war Gott gleich, hielt aber nicht daran fest, wie Gott zu sein, sondern er entäußerte sich und wurde wie ein Sklave und den Menschen gleich. Sein Leben war das eines Menschen. Er erniedrigte sich und war gehorsam bis zum Tod, ja bis zum Tod am Kreuz. Darum hat ihn Gott über alle erhöht und ihm den Namen verliehen, der größer ist als alle Namen. Damit alle im Himmel, auf der Erde und unter der Erde ihre Knie beugen vor dem Namen Jesu und jeder Mund bekennt: Jesus Christus ist der Herr! Zur Ehre Gottes, des Vaters."
> (Hymnus der Urchristenheit, zitiert von Paulus in Phil 2)

> „Dankt dem Vater mit Freude! Er hat euch fähig gemacht, Anteil zu haben am Los der Heiligen, die im Licht sind. Er hat uns der Macht der Finsternis entrissen und aufgenommen in das Reich seines geliebten Sohnes. Durch ihn haben wir die Erlösung, die Vergebung der Sünden. Er ist das Ebenbild des unsichtbaren Gottes, der Erstgeborene der ganzen Schöpfung. Denn in ihm wurde alles erschaffen im Himmel und auf Erden, das Sichtbare und das Unsichtbare, Throne und Herrschaften, Mächte und Gewalten. Alles ist durch ihn und auf ihn hin geschaffen. Er ist vor aller Schöpfung, in ihm hat

alles Bestand. Er ist das Haupt des Leibes, der Leib aber ist die Kirche. Er ist der Ursprung, der Erstgeborene der Toten. So hat er in allem den Vorrang. Denn Gott wollte mit seiner ganzen Fülle in ihm wohnen, um durch ihn alles zu versöhnen. Alles im Himmel und auf Erden wollte er zu Christus führen, der Frieden gestiftet hat am Kreuz durch sein Blut." (Hymnus der Urchristenheit, zitiert von Paulus in Kol 1)

> „Sie sangen das Lied des Mose, des Knechtes Gottes, und das Lied zu Ehren des Lammes: Groß und wunderbar sind deine Taten, Herr, Gott und Herrscher über die ganze Schöpfung. Gerecht und zuverlässig sind deine Wege, du König der Völker. Wer wird dich nicht fürchten, Herr? Wer wird deinen Namen nicht preisen? Denn du allein bist heilig: Alle Völker kommen und beten dich an, denn deine gerechten Taten sind offenbar geworden."
(Lobpreis aus Offb 15)

> „Würdig ist das Lamm, das geschlachtet wurde, Macht zu empfangen, Reichtum und Weisheit, Kraft und Ehre, Herrlichkeit und Lob. Ihm, der auf dem Thron sitzt, und dem Lamm gebühren Lob und Ehre und Herrlichkeit und Kraft in alle Ewigkeit."
(Lied des Lammes nach Offb 5)

> „Heilig, heilig, heilig ist der Herr, der Gott, der Herrscher über die ganze Schöpfung. Er war, und er ist, und er kommt. Würdig bist du, Herr, unser Gott, Herrlichkeit zu empfangen und Ehre und Macht. Denn du bist es, der die Welt erschaffen hat, durch deinen Willen war sie und wurde sie erschaffen."
(Lobpreis und Anbetung vor dem Thron Gottes nach Offb 4 in Anlehnung an Jes 6)

Lobpreis als Feier des gegenwärtigen dreieinen Gottes

Wer ist der Gott, der mich einlädt, der mich empfängt, zu dem ich kommen darf und der unseren Lobpreis und unsere Anbetung um seiner selbst willen einfach verdient hat?

Lobpreis und Anbetung haben eine klare trinitarische Dimension, die „dreifaltig" in der einen Heiligkeit Gottes zusammenfließt und ihre Mitte hat

(„Trishagion"). Durch Zeiten, in denen wir uns ihm bewusst in Lob und Anbetung aussetzen, wächst unser Verständnis (die Erkenntnis Gottes) seines Wesens und Herzens (Heiligkeit und Liebe), unser Glaube (Vertrauen), Hoffen und Lieben. In Lobpreis und Anbetung trainieren wir unsere Hingabe, üben wir ein, mit unserem ganzen Leben mehr und mehr von der Egozentrik weg zur Christozentrik zu kommen. Unser lobendes und anbetendes Sein in der Gegenwart Gottes ist eine einzige Vertrauens- und Liebeserklärung an ihn (Mk 12).

1. „Du bist der Gott, der mich liebt." - Gott, mein himmlischer Vater: Nach Lk 15 "läuft er mir entgegen, umarmt mich, küsst (meine Seele)" mit der Dimension von Geborgenheit und Heimat, Trost und Vergewisserung. Die zentrale Einsicht ist: „Gott liebt mich wie ein Vater" (Vaterherz Gottes) und „Gott ist gut" (Güte, Liebe, Treue). Ich gehöre in das Vaterhaus Gottes für Zeit und Ewigkeit (Ps 23; Joh 14). Ich nähere mich Gott in dem Bewusstsein: Ich bin sein geliebtes Kind, sein Sohn bzw. seine Tochter, dem ich mich so ehrlich, bloß und nackt zeige, wie ich bin. Ich darf im Lob immer wieder symbolisch zu ihm „nach Hause" kommen. Jesus wirbt vor allem für ein Vertrauen in dieses Vaterbild – dennoch bleibt Gott immer der „Heilige und ganz andere", der „Unverstehbare und Unerforschliche", der „Ewige", manchmal auch der „Verborgene" (deus absconditus), den wir nie ganz erfassen können (Jes 55,8ff; Röm 11,33ff).

2. „Du bist der Gott, der mich erlöst." – Jesus Christus, mein Herr und Heiland: Lobpreis und Anbetung werden immer Jesus als den „kyrios" groß machen („Lied des Lammes"). Es ist die Feier der Gnade und der Barmherzigkeit, des Erlöst-seins und Befreit-werdens, von Kreuz und Auferstehung, Vergebung und Versöhnung, innerer und äußerer Heilung: „Durch seine Wunden sind wir geheilt." (Jes 53). Im Blick auf die Auferstehung bedeutet das: Feier des siegreichen göttlichen Lebens und der neuschöpfenden Kraft Gottes über den Tod. „Jesus lebt – mit ihm auch ich!" (1 Kor 15). Es hat die Dimension der Hingabe sowie Zuwendung (Erneuerung und Vertiefung der Lebenshingabe) und ist eine „vertrauensbildende Maßnahme". Christus ist das eigentliche Ziel und die eigentliche Mitte unseres Lobpreises (Phil 2 und Kol 1,12-19 als lobpreisende urchristliche Hymnen auf Christus). Eine besondere Bedeutung hat hier der Name

"Jesus", der höher als alle Namen ist, als Fortsetzung der Namen Gottes aus dem AT – der (kyrios) Christus Jesus, vor dem sich alle Knie beugen und ihn als Herrn bekennen sollen und es einmal werden. Wichtig ist dabei: Es geht nicht nur um einen „kerygmatischen" Christus (theologisch nachösterlich gestaltet), sondern um den wahrhaft fleischgewordenen, also historisch menschgewordenen, gekreuzigten und auferweckten und nun erhöhten Christus, der inhaltlich durch Jesus von Nazareth gefüllt wird. (> Credo)

3. „Du bist der Gott, der mich befreit." – Heiliger Geist, neuschöpfende Kraft Gottes, *ruach* und *parakletos*, Geist der Wahrheit: „Wo der Geist des Herrn ist, da ist Freiheit". Gottes Geist will uns mitnehmen, aus der Enge in die Weite führen, neu schaffen und heilen, befreien, befruchten und begaben wie Früchte des Geistes in uns wachsen lassen, uns bevollmächtigen. Er lenkt den in sich verkrümmten Blick von uns selbst weg auf den, der uns sieht, der immer größer ist, als wir selbst es sind, und der „kann", der die Macht und die Möglichkeiten hat. Gottes Geist möchte uns erfüllen, bestimmen und leiten und immer wieder neu in die Freiheit führen. Er wird uns zur sprudelnden Quelle des lebendigen Wassers (Joh 7,38-39; Joh 4,14).

In Lob und Anbetung „öffnen" wir diese Quelle des lebendigen und ewigen Wassers bewusst, kommen zu ihr, trinken aus ihr, lassen uns von ihr durchströmen (Heilandsruf Mt 11; Neh 8,10!). Nach Hesekiel 47 sollen wir uns mehr und mehr dem „Strom des Heiligen Geistes" überlassen, in ihm „schwimmen".

Zeiten in der Gegenwart des herrlichen und heiligen dreieinen Gottes tun nicht nur psychisch und emotional gut. Die lobpreisenden und anbetenden Gottesbegegnungen prägen und verändern mich bewusst und unbewusst tatsächlich bis in mein Innerstes hinein. Denn Gott selbst kommt mir entgegen. Er hinterlässt seine Spuren in jeder Begegnung. Vertrauen, Liebe und Gewissheiten können wachsen und werden gestärkt. Darum ist jede Zeit der Begegnung mit unserem Gott in Dank, Lobpreis und Anbetung, in Singen, Schweigen und Hören, im Lesen seines Wortes, in Gebet und Meditation, in Gemeinschaft, Gottesdienst und Abendmahl gut angelegte Zeit. Wir dürfen beten, bitten und loben mit der alten Kirche: „Veni, creator spiritus!" (Komm, Schöpfer Heiliger Geist) -„Hier sind wir vor dir!"

Anbetung im Geist und in der Wahrheit

In Joh 4,23+24 lesen wir von der „wahren" Anbetung Gottes im Geist und der Wahrheit, weil Gott selbst „Geist" ist. Was ist damit gemeint?

1. Die Anbetung in der Wahrheit hat eine doppelte, menschliche wie göttliche, Dimension:

a. Ich komme zu Gott und zeige mich ihm, wie ich bin: wahr und wahrhaftig, ehrlich und aufrichtig in Herz, Willen und Verstand, unverstellt und unverfälscht, nackt und bloß, ohne fromme Maske oder Versteckspiel. Ich komme auch mit meiner Schuld und Sünde, mit meinem Versagen und Versäumen, als „Sünder und zugleich Gerechter" (*simul iustus et peccator*), mit meinem Verloren- und Erlöstsein, mit meinen Widersprüchen und Zerbrechlichkeiten. Jesus sagt in Joh 8,32 „Die Wahrheit wird euch frei machen." und David in Ps 34 „Gott liebt einen demütigen Geist und ein zerschlagenes Herz". (Vgl. auch Ps 51 Davids Bußpsalm und 1 Kor 13 als Spiegel unseres Handelns.)

b. Jesus selbst ist der Weg, die Wahrheit und das Leben (Joh 14,6). Wir beten und beten an in seinem Namen, also „in der Wahrheit". Vor seinem Namen („christos kyrios") werden sich ausnahmslos alle Knie einmal beugen (Phil 2). Als fleischgewordene und geoffenbarte Wahrheit Gottes verkörpert er den Willen Gottes (Kol 2,3). Der Geist Gottes als „Geist der Wahrheit" leitet uns in alle „Wahrheit und Erkenntnis Gottes" (Joh 16,13). Jesus ist als „Sohn des lebendigen Gottes" und „Quelle des lebendigen Wassers" einzigartig und „mehr" als alle anderen Stammväter und Propheten (Joh 4,12-15).

2. Die Anbetung im Geist hat ebenfalls eine doppelte, menschliche wie göttliche, Entsprechung:

a. Das NT versteht unser Herz als inneren Tempel ohne äußeres Gebäude (1 Kor 3,17; 6,19). Anbetung im Geist ist Anbetung in und aus unserem innersten menschlichen Herz und Personenzentrum zwischen Verstand und Denken, Gemüt und Fühlen, Wollen und Entscheiden in den entsprechenden Dimensionen des „Liebe Gott, deinen Herrn mit all deiner Kraft!" (Mk 12,29-30).

b. Anbetung Jesu geschieht immer durch den bzw. „in" dem Heiligen Geist. "Niemand kann Jesus den kyrios (Herrn) nennen und ihn als solchen bekennen außer durch den Heiligen Geist" (1 Kor 12,3). Gottes Geist wirkt also immer dort, wo wir Jesus Christus einzeln oder gemeinsam unseren Herrn und Heiland nennen und bekennen. Für Paulus kommt dann noch eine andere, praktische Dimension dazu: „Ich will reden und singen im Verstand", d.h. in meiner bewussten und für alle direkt verständlichen Muttersprache, und „Ich will reden und singen im Geist", d.h. mit unverständlichen, vom Geist geleiteten glossolalischen Lauten, die ggf. vor der Gemeinde der Deutung bedürfen (1 Kor 14,15-19).

Glossolalie[3] als geistliche Gabe der Anbetung

Für Paulus ist die Gabe der Glossolalie (übersetzt als Sprachengebet oder Zungenrede) zuerst eine Gabe zur eigenen und persönlichen Auferbauung: „Ich bete mehr in Sprachen und rede mehr in Zungen als ihr alle" (1 Kor 14,11) und „Ich wünschte, ihr alle würdet in Zungen reden und Sprachen beten" (1 Kor 14,5). Er ermutigt zum persönlichen Gebrauch zur eigenen Auferbauung ohne Wenn und Aber! Dennoch muss es für den öffentlichen Gebrauch im Gottesdienst klare und den überschwänglichen Enthusiasmus begrenzende Regeln um der Ordnung und der Verständlichkeit willen geben, die eine mit dem Verstand nachzuvollziehende Auslegung und die wichtigere prophetische Dimension (Hören auf Gott / Worte der Erkenntnis) miteinschließen. Wir kennen Glossolalie aus der Praxis in der Regel als Einzelzungengebet oder Einzelsprachengesang, als gemeinsames Chorgebet oder gemeinsamen Sprachengesang.

1. Wie funktioniert Glossolalie?
Jeder Mensch hat ein angeborenes Sprachzentrum mit Silben und Lauten. Lernt er in seiner Mutter- wie in Fremdsprachen sprechen, nimmt er mit dem Verstand nach den vorgegeben grammatischen und semantischen Regeln Zugriff auf dieses Sprach- und „Silbensammelzentrum" und lernt,

---

[3] Glossolalie (Zungenrede/Sprachengebet) – Ein Reden in fremden, nicht erlernten realen oder fiktiven Sprachen als Gnadengabe des Heiligen Geistes; Ausdruck einer besonderen Unmittelbarkeit der Verbindung zu Gott.

sich sinnvoll und bewusst vernünftig und verständlich daraus zu bedienen. Bei der Glossolalie ist das anders: Gottes Geist nimmt ohne das Zutun unseres Verstandes und ohne den Umweg über die steuernde Vernunft direkt Zugriff auf unser „Silbensammelzentrum" und formt daraus an unserem Verstand und unserer Vernunft vorbei eine neue (stammelnde und lallende) Sprache, die wir einfach über unsere Zunge fließen lassen können. Gottes Geist fließt mit dieser Gabe „als lebendiges Wasser" durch uns hindurch – ins Herz, in das Silbensammelzentrum, durch unseren Mund. Es gibt verschiedene Arten der Glossolalie, die durchaus auch eine echte und realexistierende (Fremd)Sprache als „Sprachwunder" sein können, oder die als „fiktive" Sprache für andere als ein "Hörwunder" klar verständlich sind (Apg 2). In der Regel lässt sich die Glossolalie aus der Anbetung nicht direkt übersetzen, aber „deuten und auslegen". Die Gabe der Deutung und der Auslegung ist eine Art „gefühlte und geschaute" Wiedergabe des Inhalts.

2. Werde ich bei der Glossolalie fremdbestimmt?
Nein! Ich bin und bleibe mit meinem Verstand, Willen und Gefühl jederzeit Herr des Geschehens. Ich kann beginnen und ich kann aufhören, auch wenn das Herz manchmal so voll sein kann, dass der Mund davon übergeht (Augenblick einer Geisterfüllung). Glossolalie ist kein Trance- oder veränderter Bewusstseinszustand. Ich lasse lediglich bewusst zu, dass nicht mein Verstand und eisenharter Griff der Vernunft mein „Lallen" kontrolliert und versucht, ihm von mir aus irgendeinen „vernünftigen" Sinn zu verleihen. Es ist eine gute begleitende Art des Lobens und des Betens quasi in Herz und Hinterkopf, gerade wenn ich den klaren Verstand parallel für etwas anderes gebrauche und gebrauchen muss.

3. Wie geschieht es?
Der Heilige Geist nimmt Zugriff auf mein Sprachzentrum. Es „betet in mir", aber ich muss die Laute, die Worte laut oder leise aussprechen. Diese Gabe kann einmalig oder dauerhaft durch Erfahrungen wie Geisterfüllung und Taufe im Heiligen Geist, durch Befreiungs- und (innere) Heilungserfahrungen, durch Vergebungs- und Umkehrerfahrungen im Sinne von „Durchbruchserfahrungen" freigesetzt bzw. geschenkt werden. Wir dürfen nach dieser Gabe streben und um sie bitten, z.B. wenn wir tiefer und intensiver das Beten und das Vaterherz Gottes erforschen möchten. Gott

gibt diese Gabe jedoch keinem „stolzen" Herzen zum „geistlichen Angeben". Manchmal geht ein längerer demütigender und reinigender Vorbereitungs- oder Heilungsprozess voraus; eine tiefe Sehnsucht nach Gott als ein Schrei des Herzens. Wir spüren, wenn wir die Gabe empfangen: Es beginnt, in uns zu beten. Und wir müssen dann nur noch wagen „loszulegen", laut aussprechen, was aus unserem Herzen kommt, und die Gabe gebrauchen.

4. Wie kann es gelebt werden?
a. Im persönlichen Gebrauch jederzeit und überall in stillen und lauten betenden und anbetenden Worten und (fiktiven) Gesängen auf irgendeiner Melodie oder Akkordfolge, so wie man eben kann.
b. Im Gottesdienst oder in der Anbetungszeit einzeln und gut hörbar in die Stille gesprochen oder gesungen mit einer folgenden Auslegung oder Deutung.
c. Im gemeinsamen Chorgebet alle zur gleichen Zeit halblaut durcheinander in Mutter-, Fremd- und glossolalischer Sprache.
d. Gemeinsam im Gottesdienst und in einer Anbetungszeit auf einem gemeinsamen und verbindenden (harmonischen) Akkord – jeder „jubilierend" auf dem „Grundton seines Lebens" und in der Tonlage, in der er sich zu Hause fühlt.

Dabei lasse ich willentlich zu, dass Gottes Geist selbst durch mich betet, mich als Strom des lebendigen Wassers und Strom des ewigen Lebens durchströmt (Joh 7,37-38; Joh 4,14; Joh 4,23-24). Ich vertraue mich einfach diesem Strom des Lebens, der vom Thron Gottes ausgeht, an (Hes 47), der auch dann noch Worte hat, wenn ich nicht mehr weiß, was und wie ich beten soll (Röm 8,26-27). Für viele Menschen, die diese Gabe ernst nehmen, sie trainieren und mit ihr leben, ist sie nicht nur ganz praktische Hilfe im Alltag, sondern schafft auch immer wieder sehr intensive und direkte Augenblicke der Begegnung mit Gott. Sie öffnet das Ohr für Gott, ermöglicht prophetische Erkenntnis.

Lobpreis als Ausdruck einer „2. Naivität"

Hat Lobpreis infantile Züge? Nein! Aber er ist so etwas wie der Ausdruck einer „2. Naivität" im Blick auf unsere Gottesbeziehung: „Wer das Reich Gottes nicht empfängt und in sich aufnimmt wie ein Kind, der wird nicht hineinkommen" (Lk 18,17; 1 Kor 1,18-25; 1 Kor 2,9-16). Wenn unsere Gottesbeziehung, wie durchgängig im NT dargestellt, nicht durch äußere Gesetzeserfüllung und religiösen Gehorsam bestimmt und definiert ist, sondern als eine innere Vertrauens- und Liebesbeziehung zu unserem himmlischen Vater („Abba"), dann darf und muss auch (irgendwo) Raum sein, diese praktisch zu leben und auszudrücken in „naiven" Sätzen und Gebeten wie „Ich vertraue dir!" oder „Ich liebe dich!".

Worship bietet diesen Raum. Im geschützten Rahmen dieser gemeinsamen angeleiteten und geführten Zeit wie natürlich auch im persönlichen Gebet im „stillen Kämmerlein" dürfen die bestimmende Aufgeklärtheit und Herrschaft von Verstand und Vernunft, die stets regeln und entscheiden wollen, was sein kann und darf und was nicht, einen Augenblick bewusst zurücktreten. Sie dürfen ihren eisenharten Griff über uns lockern zugunsten einer kindlich – naiven Hingabe in aller Freiheit. Im Lobpreis ist Raum für einen unbefangenen und freien Ausdruck unserer Liebe zu Gott. Das kann unseren Verstand und unseren Stolz demütigen, ist aber im Kern nichts anderes als der Mut zu einer „2. Naivität". Besonders deutlich wird dies in der Gabe der Glossolalie. Aber auch andere christliche Lieder wie Heilslieder und Chorusse wurden in vorhergehenden Generationen als Antwort auf die Liebe Gottes „aus vollem Herzen" und mit Inbrunst gesungen!

In diesem Sinn darf Lobpreis –ganz „kindlich" –– in Anlehnung an Jesu Worte „Freut euch, dass eure Namen im Himmel geschrieben sind" (Lk 10,20) und „Wer das Reich Gottes nicht empfängt und annimmt wie ein Kind …" (Lk 18,17) auch die Feier und Vergegenwärtigung der christlichen Identität sein, die wir nicht aus uns selbst, sondern in und aus Christus haben: Wir sind Kinder, Söhne und Töchter, Gottes (Joh 1,12; Röm 8,15ff; Gal 4,6f). Wir sind Jesu Freunde (Joh 15,15f). Wir sind eine neue Schöpfung (2 Kor. 5,17.). Wir haben Christus als Gewand angelegt (Gal 3,27). Wir sind Tempel Gottes (1 Kor 3,17). Wir sind Gottes Volk, sein besonderes Eigentum, auserwähltes Geschlecht, heiliger Stamm, königliche Priesterschaft, welches Erbarmen fand und zur Verkündigung seiner Taten und seines Wesens berufen wurde

(1 Petr 2,9). Wir sind in Christus und sind Befreite (Röm 8,1-2). Wir sind ein Brief Christi (2 Kor 3,3). Wir sind Auserwählte Gottes (Röm 8,33ff) und Heilige (Röm 8,27; Kol 3,12). Wir dürfen leben und loben in der Gewissheit, dass uns nichts von der Liebe Gottes, die in Jesus Christus ist, trennen kann (Röm 8,38f; Eph 3,14ff).

Gestaltungsformen und Ausrichtungen des Lobpreises

Worship kann entsprechend dem Anlass und der Situation sehr unterschiedlich ausgerichtet sein sowie dynamisch und vielfältig in Form, Inhalt und Ausdruck gestaltet werden:

1. Aufbrechender Lobpreis: Er beginnt mit der bewussten Willensbekundung und Entscheidung „Ich will". Ich will aufbrechen zu Gott, ich will ihn loben, ich will ihm das Opfer des Lobes bringen auch gegen meine Widerstände, Hindernisse und Gefühle. Ich lasse mich auf das Lob ein und folge der Einladung in seine Gegenwart. Ich fokussiere mich bewusst auf Gott. Eine angemessene und ausdrückende Körperhaltung ist das Aufstehen. Der Inhalt des Lobpreises besteht aus dem Lob des Wesens und des Charakters Gottes – auch aus Dankbarkeit heraus. Dabei geht die Richtung vom Dank zum Lob, vom Opfer zur fröhlichen Gabe. Von der Erde zum Himmel. Ziel des aufbrechenden Lobpreises ist der Aufbruch in die bewusst gesuchte Nähe Gottes (Ps 50,23; Ps 47; Ps 95; Heb 13,5; Röm 5,1-2).

2. Klagender oder auch bittender Lobpreis: Er ist ein Ablegen aller Hindernisse (Schuld, Sünde, Lasten des Alltags) in der Begegnung mit dem Gekreuzigten und Lamm Gottes, das die Sünde der Welt trägt. Ihn gibt es in verschiedenen Formen: als Klage, Bitte, Kyrie-Ruf, Bußgebet, Zuspruch, Absolution, Ermutigung und Ermahnung. Sein Inhalt ist Klage über nicht Verstandenes, Bitte um Vergebung und Heilung, Bitte um Beistand und Trost. Die Körperhaltung bei klagendem bzw. bittenden Lobpreis zeigt sich oft im Stehen, Knien, mit vor der Brust verschränkten Armen, gefalteten Händen oder gesenktem Blick. Sein Ziel ist die Bitte um und Vergewisserung von Vergebung und Annahme, um Gnade und Barmherzigkeit, das Ablegen von Lasten und Sorgen, Ängsten und Zweifeln und Bitte um Trost und

Heilung sowie Befreiung (Ps 22,1-4; Ps 51; Ps 3; Mt 6: Vaterunser und Rede über die Sorge; Lk 11,9ff; Röm 12,1-2; Röm 5,21).

3. Psalmorientierter Lobpreis: Die Psalmen geben oft aus der realen Gefühlslage heraus Schritte in die Gegenwart Gottes vor. Wir kommen aus der Bewegung in das Sein vor Gott, dem wir uns anvertrauen, in das hinein wir uns loslassen. Auch hier sind die Formen vielfältig: gemeinsam gesungene Lieder, persönliche Dank-, Lob- und Anbetungsgebete und Sprachengesang (Chorgebet). Inhaltlich geht es um Aufbruch, um Vergewisserung der Liebe, Gnade und Güte Gottes, der Tatsache „Jesus ist der Herr", Vertrauenserklärung und Hingabegebet, Lob des Wesens und des Tuns Gottes, Glossolalie, Meditation in Stille und Anbetung, Bitte um den Heiligen Geist in dem Wunsch, sich seinem Wirken auszusetzen. Entsprechende Körperhaltungen sind Stehen, Knien, (Sitzen), Öffnen der Hände, Ausstrecken der Arme, anbetendes Liegen. (Siehe einzelne und sehr verschiedene Elemente der Psalmen; Apg 4,23ff; Eph 5,19-20; Kol 2,13ff). Die Orientierung an den Psalmen ist ein guter Schlüssel für einen gesunden und ausgewogenen Lobpreis als ein bewusstes Beschreiten eines den Menschen bzw. seine Beziehung zu Gott verändernden Weges.

4. Anbetender und hingebender Lobpreis: Es ist ein schweigendes und meditatives Anbeten und Antworten auf die Gegenwart Gottes („sich Aussetzen"). Es sind Phasen und Zeiten der Stille, die sich auch im Abendmahl vollziehen können. Es ist Singen und Beten aus der Stille und aus dem „Hören". Es bedeutet einfach nur Sein vor Gott: „Hier bin ich vor dir". Inhaltlich geht es um die Bekenntnisse „Agnus Dei - Jesus, das Lamm Gottes", „christos kyrios – Christus ist der Herr", um Hingabe, sich Loslassen und sich Gott „Überlassen". Es geht um Empfangen der Vaterliebe, „die Seele küssen Lassen" (Lk 15), Gott an sich Heranlassen. Die Körperhaltung ist frei, so wie sich jeder frei fühlt. Sein Ziel ist das Stehen in der Gegenwart und Nähe Gottes, das „Sein" vor ihm sowie die Stärkung des Vertrauens und Vertiefung der Hingabe, sich in seine Hand hinein loszulassen. (Jes 6; Apg 4; 1 Tim 3,16; Joh 4,22ff; Joh 10,27f; Eph 1; Phil 2; Kol 1,2ff).

5. Prophetischer Lobpreis: Aus dem stillen „Sein vor Gott" und dem bewussten „Hören" auf ihn heraus wie aus gemeinsamem glossolalischen Singen etc. kann sich auch die prophetische Dimension von Lobpreis und

Anbetung öffnen – in prophetischen Bildern, Visionen („Tagträumen"), Worten der Erkenntnis, „Erinnerung" an bestimmte Worte und Zusagen der Bibel, glossolalisches Reden oder Singen mit Auslegung (1 Kor 14,1-25; 1 Kor 2,10-16). Das englische bzw. amerikanische Stichwort „prophetical worship" beschreibt nach meinem Verständnis das Meditieren und Adaptieren, das bewusste Empfangen, Bewegen und Hören vor Gott von biblischen Worten, Verheißungen und Zusagen, eingebettet in eine von Musik begleitete Anbetungsatmosphäre. (So ähnlich auch: > „Lobpreis-Malerei" / > Musikkomposition: „Ein neues Lied" geboren aus Anbetung / > „Gebetshausatmosphäre"). Hier könnten auch die Sehnsucht und Erwartung von Erneuerung und Erweckung verortet werden und dementsprechend Impulse Gottes Gehör finden.

6. Feiernder Lobpreis: Er ist Ausdruck der Freude über Gott, jubelnde und dankbare Antwort auf das Heilshandeln oder die spürbare Nähe Gottes, Reflektion und Reaktion auf Gottes (aktuelles) Handeln. Inhaltlich geht es um laute Verkündigung der Taten Gottes vor der Gemeinde, um den Jubel der Erlösten, spontane Freude an und gemeinsam mit Gott und um die Verkündigung und Feier des (Auferstehungs-)Sieges Christi. Seine Elemente sind vielfältig: lachen, tanzen, jubeln, jauchzen, „Halleluja"-Rufe, Applaus für Jesus, klatschen, „bewegen" (Ex 15; Apg 12; Jes 12; Ps 9; Ps 150; Ps 97; Ps 118: Es sind Darstellungen von Reaktionen auf Heilungen in den Evangelien bzw. von dem tanzenden David vor der heimkehrenden Bundeslade als Ausdruck einer tiefen Überzeugung: „Die Freude am Herrn ist unsere Stärke").

7. Bekennender und proklamierender Lobpreis: Dieser Lobpreis ist ein Lobpreis mit Bekenntnischarakter (Credo) als Zeugnis der Gemeinde. Es ist ein Bekenntnis des Glaubens und der Einheit der Gemeinde im Vertrauen auf „Christus, das Haupt". („Wir glauben an …"). Es ist Proklamation und Bekenntnis in der Öffentlichkeit vor Gott und Menschen („Die ganze Welt soll hören …"), aber auch Bekenntnis und Proklamation vor der „unsichtbaren Welt" („Mächte und Gewalten unter dem Himmel und unter der Erde"). So versteht Luther das Credo als Proklamation in drei Dimensionen: „Gott zur Ehre. Den Menschen zum Zeugnis. Dem Teufel zum Trotz." (Röm 10,9-10; Apg 4,20; Phil 2; Kol 2,12-20; Eph 6,10-13).

8. Fürbittender Lobpreis: Hier geht es um Lobpreis als „geistliche Waffe oder geistliche Kampfführung". Fürbitte und Lob scheinen im ersten Augenblick verschiedene, sogar gegensätzliche Arten des Gebets zu sein, können aber eine große gemeinsame Schnittmenge haben. Wenn unser Vater im Himmel weiß, was wir brauchen und wir zuerst nach dem Reich Gottes und seiner Gerechtigkeit trachten (Mt 6) – wir ihn also nicht immer wieder erneut mit wortreichen Bitten bedrängen müssen – können wir unser Vertrauen in ihn, in sein konkretes Antworten und Handeln, sein übernatürliches Eingreifen, auch durch Lob und Anbetung ausdrücken. Wir nehmen eine Haltung des Empfangens ein und feiern glaubend und vorwegnehmend schon die Macht und den Sieg Gottes (Ps 118). Wir bleiben einfach bei ihm, wo unsere menschlichen Möglichkeiten am Ende sind. In 2 Chr 20 finden wir ein ausgeführtes Beispiel dieser „geistlichen Kampfführung", die den Sieg allein durch eine „lobpreisende Gemeinde" bringt. Dies ist eine geistliche Wahrheit, die immer wieder zur realen Erfahrung wird: Gott ist dort und er handelt dort, wo er gelobt und gepriesen wird! (Ex 14,14; Eph 6,18; Heb 11,1; Lk 11,9-13). Gott schenkt dem Bittenden seinen Heiligen Geist, der uns wiederum in die Anbetung leitet.

Elemente und Bausteine einer (gemeinsamen) Lobpreiszeit

Eine Lobpreis- und Anbetungszeit entsteht durch eine angeleitete und geleitete Kombination von verschiedenen Elementen, die am Ende gemeinsam homogen ein Ganzes ergeben. Diese Zeit sollte vorbereitet und zugleich spontan sein mit einer Offenheit für die Führung des Heiligen Geistes sowie für das, was auch „gefühlt" emotional-psychologisch „dran ist". Kein Element steht allein für sich, sondern hat seinen Platz im Gesamtbild und Zusammenspiel. Es sollte dem Bild eines startenden und abhebenden Flugzeugs in fließender Bewegung entsprechen, das an Fahrt und Flughöhe gewinnt, nicht der durch ständiges Gasgeben und Abbremsen ruckelnden Fortbewegung eines Autos im Stau eines Stadtverkehrs.

Praktische Elemente dabei sind: · Lieder in Folge und in sinnvoller inhaltlicher (thematischer) wie musikalischer (Tempo, Takt und Tonart) Kombination · Chorusse und Refrains, die gern wiederholt werden können,

damit sie den Weg vom bloßen Verstand in unser Innerstes finden ·
Musikalische „Brücken" und Melodiefragmente · Offene (textungebundene)
Zeit mit musikalischer Untermalung oder Improvisation (in einfachen
Akkordfolgen), in die jeder hineinsingen kann · Offener
„verstandsgesteuerter" oder glossolalischer Gesang auf dem „Grundton des
Lebens" auf einem gemeinsamen Akkord · Gebet (gemeinsames Chorgebet,
Einzelgebet, Gebetsgemeinschaft im Sinne von „Lobpreisrufen") · Jubelrufe
wie „Halleluja" und „Amen" · Tanz, Fahnentanz und Jesus-Applaus · Biblische
Worte und Texte, die Gott preisen (Titel Jesu / Namen Gottes / Hymnen des
NT / Psalmtexte) · Phasen der Stille, Schweigen, Hören auf Gott (Offenheit
fürs prophetische Reden des Heiligen Geistes in Eindrücken und Bildern,
Worten der Erkenntnis).

> Anmerkung 1: Welche Lieder sind Lobpreislieder und geeignet für diese
Art des Singens?
· Die Grundausrichtung sollte Lob und Anbetung sein. Gut sind Lieder, die
Refrains etc. haben oder Bausteine, die sich (meditativ) wiederholen lassen.
Wiederholung ist ein wichtiges Element. Darum eignen sich „erzählende"
Lieder mit immer wieder viel neuem Text in vielen Strophen nicht so sehr für
eine Anbetungszeit. Sie sollten solitär stehen, um ihre Kraft entfalten zu
können.
· Deutsch oder Englisch? Viele Lieder hören sich ins Deutsche übersetzt,
komisch oder holprig an. Manche sind einfach grottenschlecht übersetzt.
Doch zu bedenken ist Folgendes: Oft kommen die anziehenden, „spirituell
aufgeladenen" meist englischsprachigen Lieder im Augenblick aus einem
anderen theologischen Raum mit anderen theologischen Begrifflichkeiten
und einer anderen inneren Freiheit, mit manchen Aussagen und Gefühlen
unbefangener umzugehen. Das ist gewöhnungsbedürftig, aber nicht
unbedingt schlecht. Im Gegenteil, wir können und müssen (ökumenisch)
voneinander lernen. Alles andere wäre Hybris. Der Heilige Geist selbst hat
seine Musik des Worships den Kindern Gottes rund um den Erdball gegeben.
Die lebendigen Zentren des wachsenden und geisterfüllten Christentums, in
denen Gott „ein wirklich neues Lied" gesungen wird, liegen zurzeit leider
nicht wirklich in Europa. Wir importieren und adaptieren die geistliche
Inspiration anderer und damit auch die Hoffnung auf Impulse der
Erneuerung und „geistliche Frische" oder orientieren uns an ihr, was schon

zu manchen komischen Stilblüten führen kann. Neue deutsche Lobpreislieder können nur aus neuen deutschen Befreiungserfahrungen kommen. Möge Gott uns eine neue Zeit der Gnade schenken!

> Anmerkung 2: Weil in Kombinationen gesungen und gestaltet wird, muss nicht jedes Lied aus sich selbst heraus ein „nachhaltig gutes und bleibend wertvolles" in Inhalt und Musik sein. Es darf durchaus Eintagsfliegen geben, die nur für heute richtig sind und nur für eine gewisse Zeit brauchbar erscheinen und den Heiligen Geist transportieren. Worship ist von einer stetigen Bewegung und Entwicklung begleitet. Gerade weil er die aktuellen geistlichen Entwicklungen und Wachstumsschritte einer Gemeinde, einer Bewegung, einer Zeit reflektiert und aufnimmt und daraus neue Lieder und neues Lob „für das heute" entstehen lässt. Dennoch ist es wichtig und unerlässlich, dass sich Lieder in uns als „Schatz des Glaubens und Herzens" und als „Lieder unseres Lebens und Glaubens" festsetzen, auf den und die wir jederzeit nachhaltig zurückgreifen können!

> Anmerkung 3: Es haben sich aus dem ursprünglich charismatischen Ansatz auch evangelikal–pietistische Worship–Formen entwickelt. Lobpreiszeiten, die sich nicht ausdrücklich dem freien Wirken des Heiligen Geistes durch Geistesgaben überlassen und daher auf Glossolalie sowie dem Hören auf Gott in der prophetischen Dimension von Bildern, Eindrücken und Worten der Erkenntnis verzichten. Jede Gemeinde muss selbst entscheiden, wie weit sie hier gehen und lehren möchte und kann, und welche Formen der Anbetung sie wählt. Es gibt nicht „die eine ultimative" Form von Lobpreis und Anbetung, die die ganze Weite und Tiefe dieser biblischen Wirklichkeit fassen könnte (Röm 11,33f).

Freiheit wagen in den Körperhaltungen

Lobpreis und Anbetung als Worship laden uns zu einem ganzheitlichen Loben und Anbeten ein. Nach Mk 12 sollen wir unseren Gott lieben mit allem „was wir sind und haben" (Verstand und Willen, Gemüt und Gefühl, Seele und Körper, mit innerstem Herzen und aller Kraft). Darum werden wir eingeladen, Freiheit in unseren Körperhaltungen zu wagen – authentisch und ehrlich. Gefühle wollen und dürfen vor Gott gezeigt werden. Unser Herz darf in diesem geschützten Rahmen der Lobpreiszeit offenliegen. Gerade für uns kühle, manchmal unterkühlte, norddeutsche Charaktere und zurückhaltende Gemüter ist das eine Herausforderung! Aber wenn und wo Gott „Befreiungserfahrungen" („Berührungen") schenkt, werden auch körperlich sichtbare Ausdrucksformen nicht nur möglich, sondern oft zum inneren Bedürfnis. Wagen wir die Freiheit! Bekennen wir uns zu uns selbst! Wichtig ist es, immer authentisch zu bleiben, nicht einfach den Nebenmann nachzumachen. Tue nur, was du fühlst und dir in diesem Augenblick entspricht und als angemessen erscheint!

Diese Körperhaltungen lassen sich immer wieder beobachten:
· Aufstehen: Vor Gott aufzustehen und zu stehen drückt Respekt und Wertschätzung aus und den Willen, ihm entgegen zu gehen – und öffnet unser Zwerchfell für einen „atmenden" Gesang.
· Hände und Arme: Hände und Arme heben, öffnen, ausstrecken als Kelch, Sonne, Spiegel, Raute (vor Bauch oder Unterleib), Verschränkung vor der Brust, „Hände in der Hosentasche" (amerikanisch) oder klassisch falten (deutsch) sind typische Haltungen. Gut zu bedenken: Sitzen und Hände falten kommen in der Bibel beim Beten und Loben nicht vor!
· Knien: Knien bzw. Sitzen sind Zeichen für ein sich beugendes stolzes Herz.
· Liegen: Es gibt das Liegen auf dem Angesicht als Zeichen der (liturgischen) Hingabe und Anbetung oder das Liegen auf dem Rücken als entspanntes Sein in der Gegenwart Gottes, „Ruhen im Geist".
· Bewegung: Tanzen (hüpfen, springen, klatschen), „Fahnentanz", („Lobpreismalerei").

Manchmal kann man gerade bei den Lobpreisleitern oder Musikern Stereotypen beobachten, d.h. bestimmte stereotypische „inbrünstige" Bewegungsmuster wie Körperwackeln oder –wiegen, die an eine Art Trance erinnern, aber keine Trance oder „Entrückung" sind. Sie entstammen einer hohen inneren Konzentration und starken Fokussierung auf Gott, die aber nicht den Bewusstseinszustand verändern. Der Verstand bleibt klar und die Entscheidungen vernunftbestimmt.

Gesunder Lobpreis

Gesunder Lobpreis ist immer authentisch, d.h. natürlich und echt, und nicht „aufgesetzt", ohne Extreme und Fluchten. Er sollte immer durch das Wort Gottes gedeckt und vom Wort Gottes begleitet sein. Er ist niemals musikalische oder andere Meditation im freien Raum.

1. Lobpreis ist keine Flucht aus der Realität. Er setzt sich aber bewusst der Wirklichkeit und Wirksamkeit Gottes aus und zieht diese in das „echte" Leben hinein. Theologisch kann und darf man den Gottesdienst als ein Stück „heilige Gegenwelt" und „Vorgeschmack des Himmels" zu unserem allzu menschlichen und allzu irdischen Alltag verstehen, in dem wir die Berührung des und Begegnung mit dem Himmel suchen. Auch der Lobpreisende streckt seine Hände ganz weit nach dem Himmel aus und in den Himmel hinein, aber er flüchtet oder „entrückt" sich nicht innerlich in den Himmel. Sollte dies tatsächlich einmal geschehen, wäre eine „Entrückung" allein Gottes Werk. Das aber ist nicht der Ansatz von Lobpreis und Anbetung und kein Zustand, der forciert werden sollte. Wir sind keine Fantasten oder Illusionisten, keine Überflieger oder Träumer. Auch wenn Lobpreis einen Vorgeschmack des Himmels geben kann, „so ist noch nicht offenbar, was wir einmal sein werden" (Röm 8). Wir bleiben als Lobpreisende und Anbetende immer bodenständig geerdet und gebunden an unsere echte irdische Existenz mit beiden Beinen und Füßen auf der Erde, heben nicht aus unserer irdischen Existenz und echten Realität ab. Dennoch darf diese in Lobpreis und Anbetung ein Stück zurücktreten. Der Fokus und die Konzentration liegen nicht länger bei mir selbst und im verkrümmten Blick auf mich und meinen Befindlichkeiten, sondern auf dem, der größer, stärker und anders ist, als ich es bin. Ich richte mich auf und strecke mich aus nach meinem Gott.

2. Lobpreis lässt echte Gefühle zu, auch negative. Wir setzen uns im Lobpreis der hellen und warmen Güte, Liebe und Treue Gottes, seiner vergebenden, heilenden und befreienden Kraft, seiner „Wahrheit" aus, aber wir tun es immer ausgehend von unseren echten Gefühlen, realen Befindlichkeiten und tatsächlichen Lasten. Das ist es, was wir mitbringen. Das ist es, was wir vor Gott ausbreiten. Das ist es, was er mit seinem Licht durchdringen, lindern, verändern, erneuern soll. Wir brauchen nichts „schön zu reden"

oder zu „leugnen", keine Lobpreisstimmung zu machen oder vorzuspielen. Wir zeigen uns, wie wir wirklich sind. Wir geben Gott mit unserem Lob und unserer Anbetung, die ein echtes „Opfer" sein kann, geboren aus einer bewussten, sich selbst überwindenden Entscheidung, Gott auch jetzt aus meinen Lasten oder meinen Unlustgefühlen heraus zu loben, einfach die Möglichkeit, unser Herz und Innerstes zu erreichen. Lassen wir Gott auf diese Weise an uns heran - es gibt immer Grund, ihn um seiner selbst willen zu loben -, dann verändert er selbst durch seine Gegenwart auch unsere Gefühle und unser Denken. Lobpreis ist kein „Schönwettersingen", sondern basiert auf echten willentlichen Entscheidungen und kann von daher zu einer gewollten Grundhaltung meines Lebens werden.

> Exkurs: Ist Lobpreis eine Art „Positives Denken"?
Nein! Lobpreis geht nicht davon aus, dass alle Dinge sich positiv entwickeln und am Ende aus sich selbst heraus einfach gut werden müssen. Es geht nicht darum, dass wie im Konzept des positiven Denkens „die vorfindliche bzw. eine nur durch Denken erschaffene negative Wirklichkeit und ihre Auswirkungen durch ein positives Denken ersetzt werden" – im Sinne von: „Was der Mensch für wahr hält, hat die Tendenz, sich im Leben zu verwirklichen". Lobpreis und Anbetung sind begleitet von einer realen Hoffnung, die von außen und von oben kommt – von Gott selbst. Alle Hoffnung und alles Vertrauen haben ihren klaren Ankerpunt in unserem Gott (Heb 4,16 und 11,1+6). Dennoch denkt Lobpreis immer „positiv" von Gott und prägt eine optimistische Grundhaltung. Wir vertrauen uns dem an, der größer ist, weiter denkt und nie am Ende seiner liebenden, gütigen, verändernden Möglichkeiten ist (Jes 55,8ff; 54,7ff; 40,25ff).

3. Lobpreis ist thematisch vielfältig und offen. Die Psalmen sind Vorbild. Sie lassen auch Klage, Wut und Zorn sowie Unverständnis zu. All das darf und muss auch Lobpreis (Lobpreislieder und Lobpreismusik) in Wort und Musik fassen. Aber diese Ebene bleibt eben nicht für sich, sie entwickelt sich zu einem neuen Vertrauen und einem neuen Vertrauensbekenntnis. Sie hebt den Blick und lenkt ihn behutsam auf den Himmel und den, der „heilig" ist. Dennoch bleiben Mitte und Zentrum von Lobpreis und Anbetung das herrliche und heilige, majestätische und souveräne Wesen Gottes. Diesem setzen wir uns aus. Dieses beten wir an. Dieses „meditieren" wir, damit es in

uns Eingang findet über den Verstand hinaus in die Tiefen unseres Herzens, damit es uns prägt, verändert und erneuert, damit Gott in uns größer wird, wir ihm tiefer vertrauen und ihn tiefer lieben. Es ist wichtig, sich Zeit zu nehmen, die positiven Bilder, Namen und Titel Gottes (liebender Vater, gütiger Gott, sicher führender Hirte) lobpreisend und anbetend zu meditieren, damit sie Teil von uns werden und wir nicht nur von anderen außerbiblischen, menschlich erdachten und ggf. durch Verletzungen falsch vorgeprägten Bildern und Denkmustern (z. B. von menschlichen Vaterbildern) bestimmt werden.

Das ist das Recht der Kinder Gottes: Wir dürfen bodenständig geerdet in aller Freiheit unsere Hände aufheben und weit in den Himmel hineinstrecken. Wir dürfen schon heute den Himmel feiern, den Himmel, den Gott schon heute immer wieder für uns öffnet. In Luk 2 ist das „Ehre sei Gott in der Höhe" untrennbar verbunden mit dem „Friede auf Erden bei den Menschen seiner Gnade und seines Wohlgefallens". Gottes Gegenwart schenkt Frieden, beruhigt unser Herz (Röm 5,1; 1 Joh 3,19f).

Auf dem Weg in den Lobpreis

Lobpreis kann man nicht „machen". Man kann aber Räume für ihn öffnen (persönlich und gemeinschaftlich) und zu ihm einladen, Menschen ermutigen, auf diesem Weg mitzugehen und die Dimension von Lob und Anbetung zu entdecken und in sich wachsen zu lassen. Man kann sich in sie einüben und Worship zu einer grundlegenden Haltung seines Glaubens, seiner Frömmigkeit und Spiritualität sowie seines Lebens, d.h. seines Alltags und seiner Persönlichkeit machen.

1. Eine erste persönliche Einübung aus dem „klassisch pietistischen Gebet der Stillen Zeit" heraus:

· Dank: Es ist immer gut, mit Dank zu beginnen für das „was" und den „wen". Es ist eine bewusste Erweiterung in die Dimension des Lobes und der Anbetung: Ich nehme mir Zeit, den dreieinen Gott um seiner selbst willen zu loben und zu preisen, ihn anzubeten („Titel Jesu" / „Namen Gottes").

· Bitte um Vergebung: Der klassischen Bitte um Vergebung und um ein reines Herz könnte als Dimension von Lob und Anbetung ein bewusstes Lob („Feiern") der Gnade (des Lammes, des Kreuzes, des gekreuzigten und auferstandenen Christus) unseres Gottes folgen. Wir leben aus der befreienden Gnade, nicht aus dem Gesetz, und aus der Erinnerung, dass wir geliebte, angenommene und willkommene Kinder unseres Vaters sind! („Keine falsche Scham, kein falscher Stolz!").

· Lebenshingabe: Es vertieft unsere „Lebenshingabe", wenn wir unser Leben jeden Tag neu ganz in die Hand Jesu legen, uns ihm ganz anvertrauen. Auch wenn dieses angestrebte und ausgesprochene Ziel „ganz" bewusst oder unbewusst vermutlich und ehrlicherweise immer unter dem Vorbehalt eines „mehr und mehr" steht. In der Dimension von Lob und Anbetung dürfen wir täglich auch um die Zunahme seiner prägenden und erneuernden Gegenwart in unserem Leben bitten und um weitere Erfüllung mit dem Heiligen Geist (Salbung, Gaben und Früchte).

· Bitten: Wir dürfen und sollen für Menschen, Dinge, Situationen bitten. Entdeckung der Dimension des Lobes und der Anbetung könnte bedeuten, dass wir Menschen segnen - auch wenn sie nicht dabei sind. Wir nehmen uns aus der wartenden Stille heraus bewusst Zeit zu hören, um was wir wie beten sollen. Wer die Gabe hat: Wir können auch in Sprachen einen Menschen oder eine Situation vor Gott bewegen, ohne selbst direkt zu verstehen (Röm 8 und Luk 11).

2. Eine zweite persönliche Einübung in die Dimension des „Worship" durch Hören und Singen:

Höre und singe „Worship-Musik"! Setz dich ihr aus, mache sie zur (Teil-) Musik deines Lebens! (> Alternative zum Radio > Bewusstes Hören). Man kann die „Musik des Worships" im Hören oder Singen bewusst als ein Werkzeug nutzen, sich von Gott in die Weite führen zu lassen. Gott möchte unseren (Denk-)Horizont wie unser enges Herz weiten und seine Wahrheiten, die Wahrheiten des Wortes Gottes, tiefer in uns verankern. „Gott ist gut!" – „Gott liebt mich!" – „Gott vergibt mir! – „Gott befreit mich!" Diese und andere „Binsenweisheiten des Verstands und des Glaubens" brauchen oft lange Zeit und meditative Hilfe, sich wirklich in unserer Seele, unseren Emotionen und unserem Innersten glaubhaft und ohne Zweifel zu verankern. Wer wirklich weiß und offen bekennen kann, dass er ein geliebtes Kind Gottes ist, ein Sohn oder eine Tochter des Vaters des Lichts, der ist auch frei, zu sagen und zu glauben und zu lernen: „Mir wurde vergeben, darum vergebe und verzeihe auch ich mir selbst, Gott und anderen!" – „Ich bin geliebt, darum liebe ich auch andere!" – „Gott ist gut zu mir, darum bin auch ich gut zu anderen" (> Doppelgebot der Liebe / > 1. Johannesbrief).

3. Eine gemeinschaftliche Einübung in den Lobpreis und die Anbetung

Warum schaffen wir nicht im Gottesdienst oder in unseren „meetings", Versammlungen, Gruppenstunden etc. einen bewussten, erweiterbaren Raum, in dem Gott einfach nur gelobt wird, weil er es verdient und würdig ist? (Erweiterung des „Gloria in excelsis"). Bewusstes und „zweckfreies" Singen zur Ehre Gottes ist sinnvoll und gut angelegte Zeit. Gott weiß, was wir brauchen, auch ohne Worte. Und gemeinsam oder allein Zeit in Lob und Anbetung vor ihm zu verbringen, ist immer auch ein Ausdruck unserer Liebe zu ihm, unseres Vertrauens in ihn und unserer Hoffnung auf ihn (1 Kor 13).

Ein paar Hinweise für Lobpreisleiter

Ein Lobpreisleiter hat die Aufgabe, den Raum für gemeinschaftlichen und gottesdienstlichen Worship einladend zu öffnen, verantwortlich zu leiten und zu führen - im Hören auf sich selbst, auf die äußeren Gegebenheiten und vorgeprägten Rahmenbedingungen, auf „das, was heute möglich ist", auf die Inspiration des Heiligen Geistes - und diesen Raum wieder, auch emotional, zu schließen. Ein abgehobener Flieger muss auch wieder landen! Anmerkung: Auch der Prediger, Pastor oder Gottesdienstleiter sollte sich in dieser Zeit führen lassen und „überlassen" können.

1. Ein Lobpreisleiter sollte sich immer innerlich konkret vorbereiten mit der Bitte um Vergebung, Erneuerung der Lebenshingabe und Bitte um den Heiligen Geist für diese Aufgabe. Wir sind immer nur menschliche Werkzeuge mit Stärken und Schwächen, Gaben und Grenzen – diese unterstellen wir bewusst Gott, damit er sie und uns gebrauchen bzw.

erweitern kann. Stolz und Angst sind oft die größeren Blockaden als Schuld und Sünde, die Gott hindern, uns gebrauchen zu können. Menschliche Grenzen kann er mühelos erweitern, ein demütiges und gehorsames Herz kann er gebrauchen.

2. Ein Lobpreisleiter sollte, zumindest für den Gottesdienst, immer konkret äußerlich vorbereitet sein – mit einer Lied(vor)auswahl und Ideen für eine passende inhaltliche, thematische und musikalische Zusammenstellung (> Regeln der Musik beachten!). Spontaneität und Improvisation sollten immer einkalkuliert werden, setzen aber eine sichere Grundvorbereitung voraus.

3. Ein Lobpreisleiter hat die verantwortliche Aufgabe zu führen (auch im Team) – in und mit und durch die einzelnen Lieder, Bausteine und Elemente der Anbetungszeit. Jeder soll sich sicher geführt fühlen und gut aufgehoben wissen, um sich dem Worship auch wirklich überlassen zu können: „Die Hände im Himmel, die Füße auf der Erde". Der Leiter ist immer mehr als nur der Vorsänger oder ein Bandleader.

4. Ein Lobpreisleiter sollte sich vom Heiligen Geist führen lassen. Wir folgen in der Gestaltung des Worships den Regeln des Verstands und der Vernunft („des Verantwortbaren", der Vermeidung von Chaos, Unordnung und „Irrwegen" nach 1 Kor. 14) und sind zugleich offen für das dynamische und nicht planbare Wirken und Wehen des Heiligen Geistes. Wer die Leitung von Lobpreis und Anbetung als geistlichen Dienst anstrebt, sollte sich (neben praktischer Schulung) speziell hierfür segnen, erfüllen und begaben lassen.

Literaturhinweise (nicht nur) für Lobpreisleiter

Es gibt inzwischen eine ganze Reihe von „Worship"-Literatur, die sich mit Theorie und Praxis befassen:

· Martin Pepper: „Faszination Anbetung" | „Anbetung in der Praxis"
 | „Anbetung mit erhobenem Haupt" (Trilogie)
· Guido Baltes: „Mehr als nur ein Lied" und andere veröffentlichte
 Titel zu Lobpreis und Anbetung in der Gemeinde
· Arne Kopfermann: „Das Lobpreis ABC" · Graham Kendrick: „Anbetung"
· Brian Doerksen: „Make love – Make war" („Komm, jetzt ist die Zeit").

· Judson Cornwall: „Anbetung – Lebensstil der Heiligen" etc.
· Michael Chance: „Berufen zum königlichen Priestertum"
  (Modell der Hütte Davids)
· Tom Inglis: „Der Dienst des Psalmisten".

Geistliches Wachstum

„Veni, creator spiritus! Komm, Schöpfer Heiliger Geist!" Lobpreis und Anbetung sind Werkzeuge des geistlichen Wachstums. Sie fördern Wachstum und Reife der Früchte des Geistes (Eph 5,19-20; Gal 5,22-24). Es geht um mehr als nur ein oberflächliches „Halleluja-Christentum", wo gedankenlos auch noch auf dem Pissoir herumgejubelt wird. Die Liebe des Vaters, die Güte Gottes, die Freude an Gott, der Friede in Jesus, die Freiheit im Heiligen Geist, die Geduld und Sanftmut mit unseren Mitmenschen und unendlich viel mehr, all das muss von uns aufgenommen und inhaliert, bewegt und trainiert werden. Lobpreis und Anbetung bieten uns eine gute Möglichkeit dazu. Wir setzen uns der Wahrheit und den Wahrheiten des Wortes Gottes aus, damit sie uns mehr und mehr prägen und tiefer bestimmen. Jede Zeit des Lobes und der Anbetung ist eine offene Einladung an den neuschöpfenden Heiligen Geist, uns zu prägen, zu verändern, zu erneuern, seine geistliche Frucht und Gaben wie Vollmacht und Freimut in uns wachsen und reifen zu lassen (Apg 2). Dies geschieht in der Begegnung mit ihm, in der Gegenwart Gottes, im Lob und der Anbetung, in freier Hingabe.

„Lasst euch vom Geist erfüllen. Lasst in eurer Mitte Psalmen, Hymnen und Lieder erklingen, wie der Geist sie eingibt. Singt und jubelt aus vollem Herzen zum Lob des Herrn! Sagt Gott, dem Vater, jederzeit Dank für alles im Namen Jesu Christi, unseres Herrn!" (Eph 5,18-20).

Pia desideria - Ein offener Brief an meine Kirche

Die Nordkirche ist mein berufliches Zuhause, mein Arbeitgeber seit rund 30 Jahren. Die Nordkirche ist aber auch meine geistliche Heimat. Ich schätze ihre Weite und die Vielfalt ihrer Möglichkeiten. In manchem ist sie mir aber auch fremd geworden. Ich kann und will nicht jeden Weg mitgehen. Mein theologisches Gewissen verweigert sich. In manchen Weichenstellungen kann ich das Evangelium nicht mehr entdecken, das dem Jesus Christus entspricht, wie ihn das Wort Gottes im Alten und Neuen Testament bezeugt. Ich vermisse den Mut, sich offen, klar und eindeutig zur zentralen Mitte des Evangeliums und zur Autorität der Heiligen Schrift zu bekennen. Die Spannung zu halten auch gegen manchen Zeitgeist und gegen manch eingefordertes Bedürfnis unserer gegenwärtigen Gesellschaft. Wie kann im Namen vermeintlicher Menschenfreundlichkeit etwas zu einem vermeintlichen Menschenrecht erklärt werden, das Schrift und Gebote klar „Sünde" nennen?

Dennoch ist und bleibt die Nordkirche meine Kirche. Sie ist bei allem, was der Kritik würdig und notwendig ist, immer noch ein Gefäß des Reiches Gottes und ein Instrument des Heiligen Geistes. Sie hat diesen Auftrag und diese Bestimmung: „ein Lob der Herrlichkeit Gottes zu sein". Darum wünsche ich mir für diese Kirche und bete darum, dass sie eine anziehende und attraktive, geistliche und spirituelle Heimat ist, innerlich und äußerlich, für die Menschen unserer Zeit und Gesellschaft, dass sie dies auch für die nächste Generation bleibt – oder wieder neu werden kann.

Die äußeren Rahmenbedingungen für die kommenden Jahre lassen erhebliche Veränderungen erahnen. Die Hochzeit der Finanzen und Steuereinnahmen wird früher oder später abflauen. Es gibt einen eklatanten Nachwuchsmangel an Pastoren. Die Zahl der Kirchenmitglieder nimmt weiterhin ungebremst ab. Der gesellschaftliche Einfluss schwindet, Kirche wird immer weniger öffentlich wahrgenommen. Menschen, auch Kirchenmitglieder, wissen immer weniger über die Grundlagen ihres Glaubens, kennen kein persönliches auf Christus bezogenes Glaubensleben. Vielleicht sind die äußeren Rahmenbedingungen für unsere erfolgsverwöhnte Volkskirche zur Gestaltung der Kirche und Gemeinde von morgen ernüchternder, als wir es uns weithin schon eingestehen wollen. Dennoch muss all das weder zu lähmender Depression führen noch zu einem hektischen Krisenalarmismus. In jedem möglichen Abschied – auch von Liebgewordenem – liegt zugleich die Chance einer neuen (gelingenden) Zukunft. Diese Zukunft sollte von uns mutig, selbstbewusst und aktiv ergriffen werden. Manche Dinge werden in den kommenden Jahren sicher einem auch schmerzhaften Gesundschrumpfungsprozess unterliegen. Das wird unausweichlich sein. Doch allein darauf will ich nicht setzen, schon gar nicht aus dieser Not eine Tugend machen. Es ist Gottes Heiliger Geist selbst, in dem die Chance und Möglichkeit für einen geistlichen Aufbruch, eine innere Erneuerung, für Erweckung liegt. Laden wir ihn neu ein und geben ihm neuen Raum!

Leitfragen für eine gelingende Zukunftsgestaltung

Aus der ehrlichen und nüchternen Betrachtung des ungeschönten Ist-Zustandes ergeben sich für mich drei Leitfragen für die Zukunftsgestaltung von Kirche und Gemeinde:

Die erste Leitfrage lautet: *"Wann und wo kann, wird und soll unsere Kirche als traditionelle Kirche, der immer noch viele Menschen vertrauen, für unsere Gesellschaft wichtig sein?"* (Es ist die Frage nach der *äußeren* Überzeugungskraft). Kann und soll sie überhaupt „Volkskirche in der Fläche" bleiben? Ich bin überzeugt: Wir sind immer dort am richtigen Ort und in den Fußspuren Jesu, wo wir den Menschen in ihren elementaren Bedürfnissen dienen können (diakonische Lebensäußerung), wo Bedarf und elementare Bedürfnisse zu finden sind im Sinne von: „Ich war hungrig, ihr habt mir zu essen gegeben. Ich war einsam, ihr habt mich besucht." Ich denke, wir dürfen in Zukunft auch in der Diakonie viel mutiger danach fragen, was das speziell Christliche ist, das wir zu geben haben und auch nur wir als Christen geben können, dem Einzelnen wie der Gesellschaft. Was ist genuin unser und nicht das abgekupferte, rein soziale Profil von anderen? Hierhin gehört auch das mutige, offene und sozialkritische „christlich-prophetische" Wort für unsere Zeit und Gesellschaft.

Die zweite Leitfrage lautet: *„Warum und wo ist Christus als zentrale Mitte unseres Glaubens und unserer Kirche für die Menschen unserer Zeit wichtig?"* (Es ist die Frage nach der *inneren* Überzeugungskraft). Kirche und Gemeinde lädt Menschen zu Christus ein (missionarische Lebensäußerung) – und ich halte die Person und Gestalt Jesus Christus für die unaufgebbare, unverzichtbare und unaustauschbare Mitte von allem, was wir als Christen sind, als Gemeinde vor Ort leben und als Kirche tun. Wir müssen an neuem Profil gewinnen gegenüber der Gesellschaft in der Frage, wofür wir als Christen im Kern inhaltlich stehen, dass wir mehr sind als nur eine „bessere Ökopartei oder ein besserwisserischer Politverein" – und für welch spirituelle Inhalte wir Menschen offensiv gewinnen wollen. Vielleicht brauchen wir dazu (auch) eine neue Liebe zum Grundlagendokument „Bibel" als Wort Gottes in Menschenwort und einen neuen Mut, in der Öffentlichkeit das Wort und Thema „Jesus Christus" in den Mund zu nehmen. Das können nur wir als Christen: Reden von der Vaterliebe Gottes und dem ewigen Leben, von Gewissheit im Glauben (bei allen Zweifeln) für Zeit und Ewigkeit, auch in einer Zeit, die behauptet, dass es keine verbindlichen Gewissheiten oder Wahrheiten mehr gibt. Nur Christen können von Vergebung und Neuanfang reden. Und dies alles geht von Menschwerdung und Leben, Kreuzestod und Auferstehung, der Königs-Herrschaft Jesu Christi aus. Die Zukunft der (Nord)Kirche wird sich auch an einer überzeugend gelebten christuszentrierten Theologie entscheiden (Lernen von der Ökumene und den Partner- wie Missionskirchen), weil nur hier wirklich deutlich wird, warum wir Christen und eben nicht etwas anderes sind.

Die dritte Leitfrage lautet: *„Woher kommt das Erneuerungs- und Gestaltungspotential für die Zukunft?"* Ich erwarte ein echtes Erneuerungs- und Gestaltungspotential für die Zukunft nicht aus Strukturreformen. Ich erwarte es auch nur begrenzt von der akademischen Hochschultheologie, auch wenn es im Bereich der praktischen Theologie interessante Ansätze gibt (Michael Herbst, Greifswalder Gemeindeaufbauinstitut). Die zeitgenössische protestantische Theologie aus dem Mutterland der Reformation ist nicht mehr der Nabel der christlichen Welt und eines lebendigen, dynamischen Wachstums. Ich erwarte das eigentliche Erneuerungs- und Gestaltungspotential im Kern vom „Herrn der Kirche" selbst: Ich erwarte es aus einer neuen und erhofften Hingabe an Christus – und aus einer neuen und zu erbittenden Ausgießung und Freisetzung des Heiligen Geistes, eben auch in unserer Kirche, in unseren Gemeinden. Vielleicht sind dazu manche Scham und mancher Stolz abzulegen. Doch eine vertrauensvolle Hingabe „mit Herz und Hirn" an das, was uns aus Christi Kreuz und Auferstehung zuwächst, öffnet die Türen für den Geist Gottes – in unserem eigenen Leben wie dem unserer Kirche. Das ist meine Überzeugung: Gottes Geist ist bereit, seine Kirche zu erneuern. Er hat es durch die Zeiten getan. Er wird es wieder tun. Dieser Heilige Geist Gottes ist unverfügbar („Er weht, wo er will"). Aber er lässt sich bitten, einladen und empfangen, wo wir ihm Räume öffnen („Veni, creator spiritus" als altes Gebet der Kirche).

Gestaltungselemente für die Kirche von „heute und morgen"

Ich möchte Menschen in unsere Kirche und Gemeinden zu einer Begegnung und Erfahrung von einem ganzheitlich(er)en Glauben und einer ganzheitlich(er)en Kirche und Gemeinde einladen, so wie Jesus es im Doppelgebot der Liebe beschreibt (Gute Nachricht: Mk 12,30): „Liebe Gott, deinen Herrn, von ganzem Herzen, mit ganzem Willen, mit ganzem Verstand, mit all deiner Kraft (Luther: „Herz, Seele, Gemüt und Kräfte"), und liebe deine Mitmenschen wie dich selbst!". – Drei Aspekte ergeben sich für mich daraus:

Kirche und Gemeinde soll und darf ein Ort für den Intellekt (Verstand und Vernunft) sein.

Einfach gesagt: Keiner soll seinen Verstand bei uns an der Garderobe abgeben müssen. Zum Verständnis des christlichen Glaubens und der Bibel sind Verstand und Vernunft unverzichtbar, aber sie haben Grenzen. Vernunft ist kein absoluter Wert an sich (Luther nennt sie "Hure"). Im NT ist das Verständnis des Reiches Gottes und des Evangeliums aufgehängt zwischen „So einfach, dass es ein Kind erfassen kann" und „So groß, dass es die Weisheit (sophia) dieser Welt nicht verstehen und ergründen kann." Wir haben eine theologische Überzeugungsaufgabe für unsere spätmoderne

Zeit. Wir lösen sie gut, wenn wir neue Bilder und Zugänge zum Verständnis finden, ohne dabei die alten Wurzeln, Traditionen und Überlieferungen der Bibel aufzugeben (Diskussion um die Sühnopfertheologie). Eine andere Herausforderung besteht sicher darin, gerade als reformatorische Kirche des Wortes auch das „einfache evangelische Kirchenmitglied", den Laien, zum persönlichen Lesen der Bibel zu animieren, so wie Luther es ursprünglich wollte, und ihm eine praktische Verstehenshilfe zu öffnen, damit er Gottesbild und Gottesbeziehung („seine individuelle Frömmigkeit") aus dem Grundlagendokument unseres Glaubens nähren kann – auch ohne wissenschaftliche Exegese oder professionell-pastorale Deutungshilfe. In diesem Zusammenhang halte ich viel von Glaubenskursen, Hauskreisen und verwandten missionarischen Bildungsangeboten (Grundkurs Gauben, Alpha-Kurs, Erwachsen Glauben, Stufen des Glaubens, Spur 8 etc.), die einen konkreten Raum öffnen, auch als Erwachsener den christlichen Glauben und das Angebot des Evangeliums noch einmal ganz elementar auf dem Hintergrund erworbener und gereifter Lebenserfahrung zu reflektieren. Ich denke, dass Kirche sich einen grundlegenden Gefallen damit tut, wenn kirchliche Bildungsangebote nicht nur sozialkritische, ökologische oder gesellschaftsrelevante Themen im Blick auf immanente Zukunftsgestaltung (Frieden, Gerechtigkeit, Bewahrung der Schöpfung) zum Inhalt haben, sondern klar definierte spirituelle Angebote zur Einübung und Vergewisserung des Glaubens sind. Sie führen zu einer ungleich stärkeren Identifikation mit Kirche. Wir brauchen den konsequenten Mut zu alten Inhalten in neuen Formen – und die demütige Freiheit, aus Tradition und Ökumene (und auch aus den Freikirchen) wirklich und neu zu lernen.

Kirche und Gemeinde soll und darf ein Ort für das Gefühl (Seele und Gemüt) sein.

Als prinzipiell eher „verkopfte" Protestanten und zudem noch „kühle" Norddeutsche tun wir uns in Kirche und Gemeinde (Gottesdienst) eher schwer mit Gefühlen. Doch Glaube ist nicht nur „Kopf, sondern auch Gemüt" (Luther) – und hat von daher auch etwas mit Gefühl und Glaubens-Erfahrung zu tun. Menschen kehren in aller Regel dorthin zurück, wo sie sich rundherum wohlfühlen. Die spürbare und greifbare Gemeinschaftserfahrung ist seit dem 19. Jahrhundert aus der Arbeit in Kirche und Gemeinde nicht mehr wegzudenken. Das gilt für Senioren gegen den Trend einer sozialen Vereinsamung und Isolation genauso wie für Konfirmanden und Jugendliche der Facebook- und WhatsApp-Generation gegen den Trend einer zunehmenden Verflachung und Unverbindlichkeit vieler Beziehungen. Zudem schreibt der Soziologe Ralf Evers der Kirche immer noch die Fähigkeit zu, als „sozialer Nahbereich" die Generationen zu verbinden und verbinden zu können. Konkret könnte das heißen: Wir brauchen geöffnete und offene Räume zur echten Begegnung sowohl mit Gott und dem Transzendenten als auch mit Menschen, die Lachen und Weinen zulassen, die Raum für Emotionen geben (Freizeiten und Einkehrzeiten). Im Gottesdienst benötigen wir „open space"-Zeit und Raum zu Aktion, Reaktion und Antwort, einen Aufbruch der festen und minutiös geplanten und perfekt durchgestylten Liturgie. Das tragende Musikangebot zwischen Klassik und Popularmusik im Gottesdienst darf und muss gleichberechtigt breiter werden. Die überwiegend klassisch orientierte Gesangbuchmentalität erreicht immer weniger Menschen in ihrer tatsächlichen Lebenswirklichkeit – sei sie auch die noch so viel höhere Kunst. Musik ist ein entscheidender Wohlfühlfaktor. Taizégesänge, Gospel, Rock-Pop, „praise and worship" oder die umstrittene Frage nach der Volksmusik (vor allem ein süddeutsches Bedürfnis) – die zeitgenössische geistliche Musik hält hier ein breites Spektrum bereit. Ich bekenne mich zu Gottesdiensten, die in der Gestaltungsform offenen Raum für Emotionen und Wohlfühlfaktoren geben, auch ohne dass sie jedes Mal zu ausgesprochenen Events werden und werden müssen. Gefühle gehören nicht nur ins Rockkonzert oder ins Fußballstadion. Sie gehören auch in die Kirche. Schauen wir auf unsere afrikanischen Brüder und Schwestern! Vielleicht geht es beim Abbau von Schwellenängsten (etwa dem Gottesdienst gegenüber) nicht so sehr darum, die Schwelle so niedrig wie möglich zu halten, sondern das Angebot auf der anderen Seite einfach emotional anziehender zu machen.

Glaube kann nur auf dem Boden von Freiheit wachsen und gedeihen. Zwang tötet ihn. Freiheit ist aber nicht gleichzusetzen mit Unverbindlichkeit. Glaube braucht eine persönliche Verbindlichkeit Gott gegenüber (Dietrich Bonhoeffer zur „Nachfolge"). Ich bin überzeugt davon, dass wir einen neuen Mut zur Einladung zu einer echten Verbindlichkeit im Glauben brauchen, sprich, sich Gott gegenüber auch mit seinem Wollen und Willen festzulegen. Ich spreche hier nicht nur von einem „Akt der sofortigen Bekehrung" (eher nicht der Regelfall), aber schon von persönlichen „Schlüsselmomenten und Schlüsselerfahrungen", die den Prozess „der langfristigen, das Evangelium in den individuellen subjektiven Erfahrungen verarbeitenden Wirkung" (Ute Pohl-Patalong) unterstützen. „Metanoia" (Umkehr und Sinnesänderung) ist als Prozess einer bewussten „Hinkehr" und zunehmende Neuausrichtung des Lebens auf Christus und den Nächsten hin zu verstehen. (Röm 12). Wenn ich mir die persönlichen (Einzel)Begegnungen zwischen Menschen und Jesus im NT anschaue, dann stellt Jesus die Menschen fast ausnahmslos in eine Entscheidungssituation, konkret etwas zu tun oder zu lassen. Jesus hat nach dem Zeugnis der Evangelien Menschen zugemutet, sich festzulegen und „punktuell über Zweifel hinweg zu steigen" („Komm folge mir nach!"). Das beginnt für mich mit einer betonten Einladung zum Abendmahl („Ich muss entscheiden, ob ich heute daran teilnehme"), setzt sich fort bis zu einer konkreten Einladung zur persönlichen Beichte (einem traditionellen Element der Seelsorge, dem ich im Gegenüber zu unserer eher pastoralpsychologisch geprägten Beratungspraxis viel zutraue) oder der Einladung zu gottesdienstlichen und damit öffentlichen, so erfahrungsorientierten wie bekenntnisstarken Formen etwa von Segnung und Salbung (Handauflegen und Berühren). Das sollte schon lange nicht mehr allein einer ausgesprochen evangelikal-charismatischen Theologie vorbehalten sein, auch wenn daran natürlich mein eigenes theologisches Herz hängt. In diesem Zusammenhang ist auch der evangelistische „Altarruf" oder „Entscheidungsruf" noch einmal theologisch und psychologisch neu zu bewerten (Billy Graham, Ulrich Parzany). Schlüsselerfahrungen, konkrete Antwortmöglichkeiten in laut ausgesprochenem Wort oder zeichenhafter

Tat und ein praktischer Ausdruck des bewussten „Wollens" geben dem Prozess der Verinnerlichung des Evangeliums klare Impulse. Dieser wird über ein oft unverbindlich bleibendes, bloßes gefühlsmäßiges Berührtsein hinaus entscheidend aus Entscheidungs- und Bekenntnissituationen heraus gestützt. In diesem Sinn darf auch die Predigt immer zur praktischen Konkretion führen – zur Einladung und damit verbundenen individuellen Entscheidung, etwas Bestimmtes zu tun oder zu lassen. Die Kommunikation des Evangeliums (Ernst Lange) fragt immer auch nach der Wirkung: Entscheidend ist nicht nur, dass die Botschaft ausgerichtet wird, sondern auch, dass sie ankommt, den Menschen erreicht. (Martin Luther: Das Heilsgeschehen in Christus ist nicht an sich geschehen, sondern kommt erst an sein Ziel, wenn der einzelne Mensch es für sich erfasst hat. "Denn ob Christus tausendmal für uns gegeben und gekreuzigt würde, wäre es alles umsonst, wenn nicht das Wort Gottes käme und teiltest aus und schenktest mir und spräche, das soll dein sein.")

Meine tragenden Überzeugungen

„Wo der Geist Gottes ist, da ist Freiheit."

Wo – und nur wo – wir Gottes neuschöpfenden Heiligen Geist erbitten und erwarten, können wir eine betende und empfangende Kirche sein, mutig und demütig zugleich, die sich zur Umkehr bewegen und in die Zukunft führen lässt, verändern und erneuern, einladend und attraktiv, handelnd und zupackend mitten in dieser Welt. Da können Angst, Scham, Stolz und Lähmung abgelegt und in neue gestaltende Stärke verwandelt werden. Da kann und will Gott selbst neue Türen öffnen. Noch einmal: Gott ist bereit, seine Kirche zu erneuern. Er hat es immer wieder getan, durch alle Jahrhunderte, durch alle Zeiten. Bitten und flehen wir darum, dass er es auch in unserer Zeit mit unserer (Nord-)Kirche und unseren Gemeinden tut – und ein (möglicher) kommender geistlicher Aufbruch, eine Bewegung der inneren Erneuerung oder gar einer unverdient geschenkten Erweckung nicht spurlos an uns vorbeigeht.

„Jesus Christus ist das Beste, was einem Menschen passieren kann.“

Unsere Nordkirche und unsere Gemeinden sind Gefäße des Evangeliums mit der klaren und alternativlosen Sendung, die Frohe Botschaft von Jesus Christus (dem „kyrios christos“) in Mission und Diakonie zu den Menschen in ihrer Lebenswirklichkeit zu bringen und sie für ihn (innerlich wie äußerlich) zu gewinnen. Darin liegt auch die Herausforderung zu einer sicher maßvollen, aber neuen mutigen Kommunikation des lukanisch formulierten Absolutheitsanspruches „In keinem anderen ist das Heil!“ (Apg 4,12) oder paulinisch ausgedrückt: „Einen anderen Grund als Christus kann niemand legen!“ (1 Kor 3,11). Es ist und bleibt auch in und bei allem notwendigen interreligiösen Dialog und Ringen um ein versöhntes und friedfertiges Miteinander der verschiedenen Religions- und Glaubensgemeinschaften allein das klare, zentrale und eindeutige Bekenntnis zu Jesus, dem Christus, das uns als Kirche Identität, Berechtigung und Zukunft gibt. Und es ist allein dieses Bekenntnis, dass uns das sein lässt, was wir sind und sein sollen: „Bestimmt zum Lob seiner Herrlichkeit“.

Pfingsten – Die Hoffnung auf Zukunft

Pfingsten verändert alles. Menschen voller Angst werden mutige Bekenner. Menschen voller Trauer werden Boten der Freude. Müdigkeit weicht einer neuen Frische. Lachen statt Weinen. Gewissheit statt Zweifel. Hoffnung statt Enttäuschung. Versteckte treten an die Öffentlichkeit. Beschämtes Schweigen verwandelt sich in deutliche Worte. Eine neue Freiheit greift um sich. Pfingsten verändert alles. Das erfahren die Jünger Jesu auf dem ersten Pfingstfest damals in Jerusalem in einer Weise, wie sie es sich wohl nicht einmal erträumt hatten. Was Jesus ihnen versprochen hatte, geschieht wirklich: *„Ihr werdet die Kraft des Heiligen Geistes empfangen und ihr werdet meine Zeugen sein"* (Apg 1,8). Der Himmel öffnet sich über ihnen. Gottes Geist erfasst sie. Ein frischer Wind des Lebens, wo sich nichts mehr bewegte. Ein Strom lebendigen Wassers wie auf dürres Land. Ein Feuer der Leidenschaft mitten in alle Angst und Enttäuschung hinein. Der heilige überfließende Geist Gottes ist da. Er weht, er fließt, er lodert mit einer unglaublich verändernden und neuschöpfenden Kraft. Gott selbst ist da. Alles wird anders.

Es war dieses Pfingsten der Bibel, der lebendige und lebensschaffende Geist Gottes, der mich dazu bewog, Theologie zu studieren. Ich habe etwas von diesem Geist Gottes „schnuppern" dürfen. Ich habe etwas von seinem lebendigen Wirken gesehen. Das hat mich geprägt in meinem Glauben. Das hat sich in mir festgesetzt. Das hat mich ermutigt, Pastor zu werden.

Ich habe Menschen gesehen, die von Gottes lebendigem Geist befreit wurden. Sie begannen zu singen und zu loben. Sie sangen nicht mehr das alte und sich immer wiederholende Lied der Klage, sondern ein neues Lied Gott zu Ehren. Ich hörte „kühle Norddeutsche" in der Kirche befreit lachen, klatschen und jubeln. Ich sah Menschen tanzen in den Gottesdiensten.

Ich habe Menschen gesehen, die von Gottes lebendigem Geist berührt wurden. Sie spürten, wie Gott ihnen nahe kam, und sie antworteten darauf. Schuld wurde als Last empfunden, Vergebung als Freiheit. Alte und belastende Dinge sollten und konnten in Ordnung gebracht werden. Eine Zeit des persönlichen Aufbruchs und der Veränderung auf neue Zukunft hin.

Ich habe Menschen gesehen, die von Gottes lebendigem Geist aufgerichtet wurden. Sie spürten, dass Gott voller Güte ist und sie hatten vertrauensvolle Erwartungen an ihn. Viele ließen sich persönlich segnen und gingen getröstet, ermutigt und gestärkt ihren Weg. Menschen vertrauten und unser Gott handelte. Ich sah Menschen, die Heilung erlebten.

All das war kein Traum. Es war Geschenk des Heiligen Geistes. Er öffnete den Himmel ein Stück über uns. Schenkte uns diese Zeit, seine besondere und heilige Zeit. Zeigte ein Stück seiner Herrlichkeit: segnend zugewandte Gnade, unverdient, nicht planbar und nicht machbar. Wir konnten all das nicht auf Dauer festhalten und auch nicht kopieren. Aber ich habe (aus den 1980er Jahren und der damaligen charismatischen Bewegung) eines verstanden: Gott kann halten, was er in seinem Wort verspricht. Gott will halten, was er uns zusagt. Auch im Blick auf Pfingsten. Gottes Geist ist ein lebendiger und lebensschaffender Geist, voller Leidenschaft, voller Frische, voller Leben. Wenn er kommt, dann können sich Dinge ändern. Wenn er weht, dann können Dinge in Bewegung geraten. Wenn er entzündet, dann kann ein ganz neues Feuer entbrennen. Das hat sich in mir festgesetzt. Das lässt mich nicht mehr los. Das ist mir zu einer tiefen und ungestillten Sehnsucht geworden, die mich treibt und zieht.

Kann all das tatsächlich so oder so ähnlich wieder geschehen? Es kann, so hören und lesen wir in der Apostelgeschichte – und es wird geschehen, wo immer Menschen Sehnsucht entwickeln und sich ganz und ungeschützt auf die Mitte des christlichen Glaubens einlassen. Gottes verändernden, lebensschaffenden und neuschöpfenden Geist gibt es nur bezogen auf Jesus Christus, auf die Mitte des Evangeliums[4]. Pfingsten nährt sich direkt aus dieser innersten Wurzel unseres Glaubens und bringt die unbeschreibliche Hoffnung ans Tageslicht, die uns von Gott her mit Christus ins Leben gepflanzt wurde. Die göttliche Quelle, aus der auch in mein und dein Leben ein Strom des lebendigen und lebensschaffenden Wassers fließen kann. Ein Wind, der auch in mein und dein Leben Frische und Bewegung bringen kann.

---

[4] Eine Spannung bleibt hier unbearbeitet: Ist eine neue Konzentration auf Christus Voraussetzung oder Folge eines "erwecklichen" Kommen des Heiligen Geistes?

Ein Feuer, das auch in meinem wie deinem Leben so vieles neu entzünden kann.

Der Ursprung dieser Quelle, dieses Windes, dieses Feuers trägt den Namen „Jesus Christus". Es ist der menschgewordene, gekreuzigte und auferstandene Jesus von Nazareth, der zum Christus wurde. Er ist die Tür zu Gottes lebendigem und lebensschaffendem Geist in unserem Leben. Er ist der „Täufer mit Feuer und Geist" (Mt 3, 11). Mit Jesus, dem Christus ist ein hoher Anspruch verbunden. Ein Anspruch, der nicht nur Zustimmung, sondern auch Widerspruch und Widerstand hervorruft. Gott selbst hat ihm, so bezeugt es das Neue Testament, einen Titel verliehen und eine ganz bestimmte Position: „Jesus Christus - Messias und Herr". Das hebräische Wort „Messias" bedeutet: Er ist der von Gott gesandte Retter und Erlöser. Mit ihm überlässt Gott die Welt nicht sich selbst und einem ungewissen Schicksal. Gott selbst stellt sich in Jesus an unsere Seite. In ihm wird er uns zum Retter, zum Helfer, zum Heiland, zur Hoffnung. Noch deutlicher wird dies im griechischen Titel „kyrios", den wir unzweideutig mit „Herr" übersetzen. Dies bedeutet: Gott hat Jesus zum Herrn über alle und alles gesetzt: Weltenherrscher und Weltenrichter. Zur obersten Autorität, zur letzten Instanz der Menschheit, an der sich niemand vorbeimogeln kann. An der nicht nur wir Christen, sondern einmal jeder Mensch dieser Erde sein Glauben und Leben zu messen und zu verantworten hat.

Es ist der Geist von Pfingsten, der den Jüngern Freiheit, Freimut und Leidenschaft gibt, diese unpopuläre und durch alle Zeiten zum Widerspruch reizende Wahrheit auch als solche klar, deutlich und ohne falsche Kompromisse zu bezeugen. Denn es ist diese eine und unteilbare Wahrheit, die Gott in unserer Welt gesagt, gepredigt und verkündet haben will: Das Leben für Zeit und Ewigkeit lässt sich allein in Jesus, dem Christus und Herrn, finden.

Den Menschen, die etwas von der neuen Hoffnung in Christus für ihr Leben spüren und ersehnen, ruft Petrus in der Pfingstpredigt zu: „Kehrt um!" Ändert euren Weg, korrigiert eure Orientierung, erneuert eure Denkmuster. Ändert sie auf Jesus, den Christus hin. Rückt ihn kompromisslos in die Mitte eures Glaubens und Lebens. Nicht nur in den großen theoretischen und religiösen Grundüberzeugungen, sondern vor allem in den kleinen, konkreten und praktischen Dingen des Alltags. Lasst eure falschen Stützen und wackeligen Krücken los. Werft konsequent über Bord, was vielleicht schon lange nicht mehr trägt. Wagt das rückhaltlose Vertrauen auf Jesus, auf seine Wege, auf seine Führung. Auf seine Gebote und seine Weisungen. Setzt alles auf diese eine Karte und erwartet alles von ihm – damit er euch segnen und beschenken kann. So schafft ihr Raum für die Kraft und die Gegenwart seines Geistes. Damit er euch und in euch zum lebendigen Wasser, zum frischen Wind, zum lodernden Feuer werden kann. Eine Ahnung davon bekommt man zum Beispiel, wenn man sich junge und vor Leben strotzende Kirchen in Asien, Lateinamerika oder Afrika etwas genauer anschaut. Wovor haben wir eigentlich Angst? Dass unsere Verkündigung zu radikal ist? Innerlich können wir schon längst nichts mehr verlieren. Wir können nur gewinnen – durch eine neue Sehnsucht und ein neues Verlangen, durch eine neue flehende Erwartung des lebendigen und lebensschaffenden Geistes unseres lebendigen, herrlichen und heiligen Gottes.

Natürlich kann man ziemlich klug und theologisch dagegensetzen: Wenn Gott seinen Geist damals am ersten Pfingstfest für alle Zeit und über „alles Fleisch" ausgegossen und seiner Kirche gegeben hat, wirkt dieser Geist dann nicht fortwährend und stetig, bleibend und verlässlich, verändernd und erneuernd, tragend und vorantreibend? Ja, denn sonst gäbe es die Kirche schon längst nicht mehr. Es war der treue, tragende und beständige Geist Gottes, der als Geist des Beistands und der Wahrheit seine Kirche geführt und getragen hat. Jenseits von menschlichen Macht- und Politikinteressen. Auch durch die dunkle Zeit der mittelalterlichen Päpste, durch die Gräuel der Inquisition und Hexenverbrennung, durch die Verirrungen der Kreuzzüge oder alle zeitgeistigen Anbiederungen an Mächte und Diktaturen. Gott hat auch in diesen Zeiten seine Kirche niemals allein gelassen. Gottes Geist hat auch in diesen Zeiten Orte gesucht und Räume gefunden, in denen er lebendig wohnte, und von denen her er die Kirche erneuernd durchdrungen und zu neuem Leben erweckend begleitet hat. Gott sei Dank!

Wir könnten uns also einer gewissen gelassenen Selbstzufriedenheit überlassen, dass Gottes Geist die Dinge am Ende schon richten wird. Doch der Heilige Geist ist nicht statisch. Man hält ihn nicht fest und kann ihn nicht festhalten. Er ist nicht einmal und für immer da, geht dann nie wieder. Der Geist Gottes ist dynamisch. Er ist lebendig. Er kommt und er geht, ist immer in Bewegung. Wie Ebbe und Flut. Wie Sturm und Flaute. Wie Flamme und Glut. Er bewegt sich auf uns zu, aber er zieht sich auch zurück. Wir können ihm Räume für sein Wirken öffnen, aber sein Wirken kann auch behindert werden. Doch er ist zu ersehnen, zu erbitten, zu erwarten. Das ist Gottes Versprechen. Wir können so sein dynamisches Kommen und lebendiges Wirken immer wieder in einer neuen Weise erhoffen, erbitten und erwarten. Wir können ihn nicht zwingen, aber wir können die Sehnsucht und das Verlangen nach ihm leben. Bis er kommt. Zu seiner Zeit an seinem Ort. Wir können die Hände nach ihm ausstrecken und von ihm mehr erwarten als bisher. Wir können Bitten und Flehen, bis etwas Neues geschieht. Bis er die Hände neu füllt. Denn Gottes Geist will wehen, fließen und lodern. Auch unter uns. Mit seiner Leidenschaft, mit seinem Leben, mit seiner Frische. Pfingsten kann verändern, auch heute.

Gottes Geist zu erwarten und zu erbitten, bedeutet auch, sich ihm neu zu überlassen und sich von ihm verändern zu lassen. Das Feuer des Geistes wird mir Leidenschaft und Freiheit geben. Aber es wird auch das verbrennen, was vor Gott keinen Bestand hat. Der Strom des Geistes wird mir Leben und Hoffnung geben. Aber er wird auch das fortspülen, was kein tragendes Fundament hat. Der Wind des Geistes wird mir Frische und Bewegung geben. Aber er wird auch fortblasen, was null und nichtig ist. Er wird, so sagt Jesus es deutlich, meine geheime Sünde überführen und das Dunkel meines Lebens in sein Licht stellen. Er wird mich aus meinen zwielichtigen Grauzonen und falschen Kompromissen herauslocken. Er wird meinen verborgenen Unglauben und mein gut getarntes Misstrauen aufdecken, mich nach der Echtheit meines Vertrauens und der Belastbarkeit meiner Hingabe an den Herrn Jesus Christus fragen. Er wird mich dem reinigenden Gericht unterziehen und mein Gewissen schärfen. Wenn Gottes heiliger Geist mich neu erfasst, werde nicht einfach so weitermachen können wie bisher. Er wird mein Leben mit seiner Wahrheit verändern. Er wird mir seine Ziele zeigen. Doch er wird mir dabei auch neu zu meinem Beistand, zu meinem Tröster, zu meinem Ermutiger, zu meinem Befreier werden. Denn wo der Geist des Herrn ist, da ist Freiheit!

Pfingsten wird alles anders. Pfingsten kann vieles neu werden. Nicht nur damals. Es kann auch heute geschehen. Jederzeit. Wohl weniger an einem bestimmten Tag des Kalenders oder verordneten Fest des Kirchenjahres. Aber immer dann, wenn Gottes Zeit der Gnade kommt. Vielleicht unübersehbar und unüberhörbar als durchgreifende Erweckung. Vielleicht auch nicht so enthusiastisch und ekstatisch wie in der Ursprungsgeschichte. Aber immer noch ebenso echt und wirksam, genau so tief und grundlegend. Gott hat sich nicht verändert. Sein Geist hat nichts von seiner Kraft verloren. Er hat auch nichts von seinem Wort und seiner Verheißung zurückgenommen. Das lebendige Wasser, der frische Wind, das lodernde Feuer Gottes sind real. Sie möchten in uns wachsen, uns tiefer ergreifen und erfüllen. Damit in unserem eigenen wie im Leben anderer etwas neu wird. Damit in unseren Kirchen und Gemeinden etwas neu wird. Damit „für heute und morgen" neue Zeugen in Freiheit und Freimut, in Kraft und Leidenschaft aufstehen, um zu bekennen: „Jesus Christus ist der Herr!"

Wie groß ist deine Sehnsucht nach Erneuerung? Wie stark ist dein Verlangen nach Erweckung? Wie stark deine gelebte Hoffnung auf eine Zukunft von Kirche und Gemeinde, (neu) geboren aus dem Heiligen Geist? – Verbinde dich mit denen, die sich sehnen und danach suchen, die darum bitten und flehen, die in dieser Erwartung für das Reich Gottes leben und arbeiten!

GOTT IST NICHTS UNMÖGLICH! – EIN PAAR BIBLISCHE ERMUTIGUNGEN

Die folgenden sechs biblischen Ermutigungsgeschichten haben ihre Wurzel in den Ermutigungsandachten anlässlich der Coronapandemie, die 2020 und 2021 in unserer Kropper Kirchengemeinde zur jeweiligen Tageslosung gehalten worden sind. Die Kernbotschaft ist: Gott ist nichts unmöglich! Möge sich diese Wahrheit wirklich in „Kopf und Herz" einwurzeln und einprägen als stete und starke Erinnerung gegen alle „Entmutigungsschübe" des Alltags. Gott kommt nie an das Ende seiner Möglichkeiten. Auch nicht in deinem Leben!

Nehemia

Ein vielleicht nicht so bekannter, aber umso mutiger Mann aus dem Alten Testament und der Geschichte Israels heißt Nehemia. Seine Geschichte von Wagnis und Wiederaufbau ist nachzulesen im gleichnamigen Buch „Nehemia". Er hatte sich hochgearbeitet zum Mundschenk des babylonischen Königs Artaxerxes, genoss das Vertrauen dieses Regenten. Eben des Regenten, der auch nach Jahrzehnten immer noch Teile der verschleppten jüdischen Bevölkerungselite im Exil festhielt und dem jüdischen Staat auf dem Boden Israels und des „Heiligen Landes" immer noch nicht seine volle Souveränität und Freiheit zurückgegeben hatte. Offensichtlich aber konnten die beiden so gut miteinander, dass Artaxerxes eines Tages spürte, dass es etwas gab, was Nehemia bedrückte – und ihn auch danach fragte.

Nehemia fasste sich ein Herz und sagte: „Sende mich, dass ich die in Trümmern liegende Stadt Jerusalem wieder aufbaue!" Das hätte ins Auge gehen können. Welch ein Wagnis! Zum einen zu sagen: „Lass deinen besten Sklaven frei!" und zum anderen zu fordern: „Ich will meine Hauptstadt zurück!" Doch es war Gottes Zeit und die gütige Hand Gottes war mit ihm. Nehemia nahm die Aufgabe Gottes für sich an. Wagte das Risiko. Autorisiert und mit vollen Händen kehrte er nach Jerusalem zurück. Der alte Despot aus dem heidnischen Babylon hatte sogar noch das Bauholz aus seinen königlichen Wäldern spendabel obendrauf gelegt.

So beginnt Nehemia, Menschen zu sammeln, zu ermutigen und für diese Vision zu gewinnen: „Lasst uns die zerstörten Mauern Jerusalems wieder aufbauen! Jene Mauern, die uns Schutz geben und ein neues pulsierendes Leben ermöglichen. Damit wir nicht wehrlos sind. Damit wir Zukunft haben." – Ich will hier nicht die ganze Geschichte im Detail erzählen, doch es folgt noch so manche Störaktion von außen und so manche Unzufriedenheit aus den eigenen Reihen. Über allem aber liegt der beißende Spott von Außenstehenden: „Können die tatsächlich die Steine aus dem Schutthaufen, die doch zertrümmert und ausgeglüht sind, zu neuem Leben aufrichten?"

Sie konnten es und sie taten es. Sie errichteten die neue Mauer. Der erste Schritt in eine neue Zukunft. Weil es Gottes Zeit war. Weil die gütige Hand Gottes mit ihnen und über ihnen war. Trümmer zu neuen Mauern. Zerstörtes zu neuem Leben. Asche zu neuer Schönheit. Trauer zu neuem Jubel. All das war möglich geworden. So wird zum ersten Mal nach vielen Jahrzehnten wieder ein echtes und altes Fest gefeiert. Ein Fest, das so lange verboten und vergessen war: das Laubhüttenfest. Ein Fest üppigen und überströmenden Lebens zwischen Erntedank und der Erinnerung an die Zeit des befreienden Auszugs aus Ägypten. Kein Wunder, dass der Chor der Leviten vor aller Augen und Ohren diesen überschwänglichen Lobpreis anstimmte (und wohl wirklich jeder im Takt dazu mitwippte, weil er sich dem Zauber des Augenblicks nicht entziehen konnte):

„Erhebt euch und preist den Herrn, euren Gott von Ewigkeit zu Ewigkeit. Man preise deinen herrlichen Namen, obwohl er erhaben ist über allen Preis und Ruhm. Du Herr, bist der einzige. Du hast den Himmel geschaffen und Himmel der Himmel und sein ganzes Heer. Die Erde und alles, was auf ihr ist. Die Meere und alles, was in ihnen lebt. Ihnen allen gibst du das Leben. Das Heer des Himmels betet dich an." (Neh 9,6ff) - Also das volle Register: Was könnten wir je anderes tun, Gott Schöpfer und Erhalter, als dir zu danken und dich zu preisen!

In welchen Bewusstsein lebst du? Mit welcher Haltung gehst du in deinen Tag hinein? – Traust du deinem Gott zu, dass er dich sieht, dass er dich nicht vergessen hat, dass er sich kümmert, wenn seine Zeit kommt? Traust du ihm zu, dass seine gütige Hand auch auf deinem Leben ruht und er dich sicher ans Ziel bringt? Durch die Höhen und die Tiefen, durch das Glück und das Unglück deines Lebens? Natürlich: Wenn es uns gut geht, wenn die meisten Dinge positiv laufen und es „flutscht", wie wir gern sagen, dann ist es leicht zu glauben. Dann kostet es wenig zu vertrauen. Dann geht uns das Lob Gottes „fast wie von selbst" über die Lippen. Was aber, wenn wir durch Täler gehen, mehr Dunkel als Licht sehen, wenn wir den Gegenwind von Zweifel und Angst spüren, den spottenden Gedanken unseres Hirns aushalten müssen: „Na, wie soll das wohl je wieder werden…?"

Stell dich dem entgegen! Traue nicht dem Zweifel! Verankere mit jedem Tag ein Stück mehr und tiefer die Gewissheit in deinem Glauben und Leben, in deinem Denken, Fühlen und Wollen: Es sind nicht wir selbst, die uns das Leben geben müssen. Was für ein Glück! Es ist ein anderer, der es tut. Gott sei Dank! Der es kann. Der es will. Der es uns zugesagt und versprochen hat. Der sich von uns darum bitten lässt. Wenn wir uns ein Herz fassen. Ein Herz, das seiner Güte traut und etwas zutraut. Ein Herz, das sich in etwas Neues senden lassen will. Ein Herz, das sich darauf einlässt, dass Gottes Zeit kommt und er uns die Hände überraschend neu füllen wird. Ein Herz, das daran festhält, dass unser Gott den längeren Atem und den weiteren Blick hat. Weil er ein Gott der Hoffnung ist. Weil er der Gott der Zukunft ist. Für unser Leben. Für unsere Kirchen und Gemeinden. Für unsere Welt.

Darum: Reih dich ein in den nicht endenden und ewigen Lobpreis des Himmels und der Glaubenden vor und mit dir. Bete den mit deinem ganzen Leben an, der nie am Ende seiner Möglichkeiten ist und es allein verdient: Der aufrichtende Gott. Dem nichts unmöglich ist, auch nicht in deinem Leben.

Daniel

Wer die Geschichte von Daniel in der Löwengrube in Kindertagen einmal gehört hat, wird sie noch lange erinnern. Denn sie ist ziemlich einprägsam und schlägt Kinder in ihren Bann. Ein Mann wird den Löwen zum Fraß vorgeworfen – und auf wundersame Weise bewahrt. Ist sie eine glaubwürdige und glaubhafte Geschichte auch für Erwachsene? Oder bestätigt sie nur das alte Vorurteil, dass man „bei den Christen am Ende doch den Verstand an der Garderobe abgeben muss"? Schauen wir darum etwas genauer hin!

Daniel war ein Mann in den besten Jahren. Klug und weise, zuverlässig und geistreich. Ein skandalfreier und hoch geachteter Staatsbeamter, beruflich außerordentlich erfolgreich auf dem Weg ganz nach oben. Das ruft Neider auf den Plan. Vor allem stoßen sie sich an einem: Daniel lebt seinen Glauben. Er tut es sichtbar mitten im Alltag und macht keinen Hehl daraus. Was diesen Menschen unerträglich ist: Daniel ist es ein natürliches Bedürfnis, eine liebgewordene Gewohnheit, sich täglich Zeit zu nehmen zum Beten und (wie extra betont wird) zum Lobpreis Gottes. Daraus sollte sich doch eine Falle stricken lassen. Gesagt, getan. Im wahrsten Sinne des Wortes wird Daniel den Löwen zum Fraß vorgeworfen. Es wird Nacht, das Licht geht aus. Doch: Ende aus – alles aus? Im Buch Daniel lesen wir: „Am nächsten Morgen zogen sie Daniel aus der Grube heraus. Man fand keine Verletzung an ihm. Denn er hatte seinem Gott vertraut." Es lohnt, die ganze Geschichte in Daniel 6 im Alten Testament einmal nachzulesen!

Wieviel Schutz dürfen wir von Gott erwarten? Wann sendet er seinen Engel? – Daniel macht ganz real und leibhaftig die Erfahrung einer wundersamen Bewahrung. Eine persönliche Glaubenserfahrung. Genau so, wie sie im großen Schutzpsalm 91 beschrieben wird: „Der Herr hat seinen Engeln befohlen, dich zu behüten auf all deinen Wegen. Du schreitest über Löwen und Nattern. Du trittst auf Löwen und Drachen. Doch weil er an mir hängt und weil er meinen Namen kennt, will ich ihn retten." Das gibt es immer wieder: Die Glaubenserfahrung der Rettung aus realer und elementarer Gefahr. Sie geschieht immer wieder. Menschen bezeugen es bis heute. Auch wenn sie vielleicht nicht der „übliche Regelfall" ist.

Darum können wir aus dieser persönlichen Einzelerfahrung auch keinen Anspruch auf Allgemeinerfahrung ableiten. Im Sinne von: Gott muss einfach bewahren, wenn wir nur stark genug glauben! Sie haben nicht weniger geglaubt: Die Christen, die 600 Jahre später von den römischen Kaisern ebenfalls den Löwen in der Arena vorgeworfen wurden. Dort zerfleischt ihr Leben ließen. Die sich aber trotz und bei aller Angst (sie hatten sicher die Hosen voll) nicht in ihrem Bekenntnis zu Jesus, dem Christus, beirren ließen. Die in der Arena und angesichts des drohenden Todes (so wird wiederholt überliefert) Loblieder sangen. Warum Gott das so zuließ und immer wieder zulässt, warum er den einen bewahrt und andere nicht verschont: Ich weiß es nicht. Ich kenne seine Gedanken und Pläne nicht. Die aber hat er auf jeden Fall. Mit jedem von uns. Einer meiner Freunde, der Anfeindung und Verfolgung am eigenen Leib kennt, hat seine Antwort darauf gefunden: „Gott lässt einige auserwählte Christen leiden, damit andere davon gut haben." Vielleicht haben wir uns auch verrannt in der wahnhaften Idee, dass Gesundheit wirklich immer das allerhöchste Gut ist.

Die Wahrscheinlichkeit, ganz real von einem Löwen angefallen zu werden, ist für uns äußerst gering. Man müsste schon irrwitzig ins Löwengehege von Hagenbecks Tierpark einbrechen oder bei einer Afrikasafari mutwillig aus dem Jeep springen. Das tut niemand, der seinen gesunden Menschenverstand gebraucht. Für uns ist der Löwe eher ein Sinnbild der Angst. Die Angst aber kann von heute auf morgen und quasi über Nacht wie ein mächtiger Löwe im Vorgarten meines Lebens stehen. Mich anbrüllen. Mich anfallen. Mich verschlingen. Da hat mich eine böse Diagnose ereilt. Da hat mich ein bitterer Schicksalsschlag getroffen. Da scheint es nicht mehr weiterzugehen. Genau in dieser Angst und in solchen Ängsten darf ich mich zu meinem Gott flüchten. Bei ihm meine Zuflucht suchen. Betend. Flehend. Lobend. Mich meinem Gott ganz anvertrauen. Vertrauen ist das Gegenteil von Angst. Vertrauen ist die Antwort auf Angst. Wer gerade jetzt Vertrauen in seinen Gott wagt, bleibt nicht allein mit seiner Angst!

Wurde Daniel aufgrund seines persönlichen Gottvertrauens gerettet? Vielleicht – denn Vertrauen lohnt immer. Ganz sicher aber: Weil Gott es so wollte. Hier an diesem Ort zu dieser Zeit. Daniels Glaube hatte aber noch eine tiefere Dimension als nur die eines „gerechten und glaubenden" Menschen. Er hielt auch dann an seinem Glauben und dem Bekenntnis zu seinem Gott fest, als es eng wurde. Er ließ sich das Beten zwischen Flehen und Loben nicht verbieten. Auch nicht von staatlichen Regeln und

Verordnungen. Er ließ sich nicht einfach so mundtot machen – und war bereit, die Konsequenzen zu tragen.

Wir leben in einem Staat, der uns große Freiheiten gewährt. Freiheiten des Glaubens. Freiheiten des Gewissens. Bisher war unser deutsches Grundgesetz dicht an den Geboten Gottes dran. Bisher gab es immer einen persönlichen Gewissenschutz, wenn man einen bestimmten Weg des Staates nicht mitgehen konnte. Wir sollten darum beten, dass diese großartige Freiheit uns erhalten bleibt. Dass der Tag fern ist, an dem wir uns offen entscheiden müssen zwischen dem Grundgesetz oder den Geboten unseres Gottes! In anderen Ländern gibt es diese Freiheit des Glaubens und des Gewissens nicht. Man schätzt, dass zurzeit rund 200 Millionen Christen weltweit um ihres Glaubens willen unter Druck und Anfeindung, teilweise unter offener Verfolgung stehen. Sie bitten auch uns um unser Gebet für sie! Doch was mich am meisten beeindruckt: Sie bitten nicht zuerst um Bewahrung an Leib und Leben. Sie bitten zuerst darum, standhaft zu bleiben, Christus zu bekennen und nicht zu schweigen. Mit diesem einen Ziel: Damit auch andere den Weg zu ihm finden.

Leib und Leben, Gesundheit in seelischer und körperlicher Unversehrtheit gelten in unserer Gesellschaft als höchstes Gut. Doch wir wissen: Wir können unser Leben nicht auf immer und ewig festhalten. Was aber bereitet uns besser vor auf das Sterben und den Tod? Nichts als das Vertrauen auf Jesus Christus, der Herr ist auf beiden Seiten. Im Leben und im Tod – und darüber hinaus. Das haben wir als Christen von Ostern her unwiderruflich im Gepäck. Spätestens hier wird die Geschichte von Daniel zu einer echten „Erwachsenengeschichte"!

Darum: Bleib wach im Verstand. Sei klar im Bekenntnis. Werde mutig in deinem Vertrauen. Gott wacht über dir. Er hat seinen Plan. Er geht seinen Weg mit dir: Der treue Gott. Dem nichts unmöglich ist, auch nicht in deinem Leben.

Petrus

Mann, was für eine Geschichte! In Apostelgeschichte 12 lesen wir: „Plötzlich trat ein Engel Gottes ein und ein helles Licht strahlte in den Raum des Gefängnisses. Er stieß Petrus, der mit Ketten gefesselt zwischen zwei Soldaten schlief, in die Seite, weckte ihn und sagte: Schnell, steh auf! Da fielen die Ketten von seinen Händen.“

Mann, was für eine Geschichte! Traum oder Realität? Selbst Petrus muss sich zweimal kneifen, um sich von der Wirklichkeit zu überzeugen. Solche Geschichten – wir sagen Wunder – passieren wirklich. Kein „fake“ und „ganz in Echt“. Auch heute noch. Manchmal lassen sie sich ganz vernünftig und logisch im Nachhinein erklären. Manchmal aber bleiben sie auch ein göttliches Geheimnis und ein echtes übernatürliches Geschenk des Himmels. Nur im Nebensatz: Dieses Befreiungswunder fällt nicht einfach so vom Himmel. „Die Gemeinde betete inständig für ihn zu Gott“, heißt es im vorausgehenden Vers. Das Gebet der Gemeinde (sprich: das gemeinsame Vertrauen) kann Wunder auslösen!

Ich gestehe freimütig ein, dass ich aus meinem eigenen, ganz persönlichen Leben eher keine großen und übernatürlichen Wundergeschichten, keine echten „Kracher“, erzählen kann. Ich habe noch nie einen leibhaftigen und „ungetarnten“ himmlischen Engel gesehen – außer den üblichen Boten Gottes in Menschengestalt. Manchmal habe ich Menschen im Nachhinein als göttliche Boten erkannt, manchmal auch nicht. Ich bin auch noch nie ganz real aus einem Gefängnis befreit worden, außer im übertragenen Sinn aus bestimmten unsichtbaren Gefängnissen meiner Seele. War bisher ja auch noch nicht nötig, mag man sagen, warst ja auch noch nie im Knast. Weder schuldig noch unschuldig.

Ich gestehe aber auch freimütig ein, dass ich Menschen manchmal ein bisschen darum beneidet habe, die ein handfestes übernatürliches Wunder ganz real und hautnah in ihrem Leben erlebt haben. Mann, was haben die für eine Geschichte zu erzählen! Wie groß muss ihr Vertrauen, ihr Hoffen, ihr Lieben nach dieser Erfahrung sein. Was für ein Gottesbeweis und Glaubensschub „für alle Zeit“.

Doch nicht immer ist dem so. Wenn die Zeit dann ins Land geht, zieht oft auch das Vergessen ein. Das große Erlebnis verblasst. Es ist nicht mehr bestimmende Wirklichkeit. Verschwindet peu à peu im Nebel der Vergangenheit, am Horizont des Dämmerlichts. Bis dahin, dass Menschen sogar nach einer körperlichen Heilung sagen: „Ja, da war mal was, aber ich bin mir nicht mehr sicher, ob es Wirklichkeit oder doch nur Traum war." Ich erinnere mich noch gut an eine Mutter, die unsicher war, ihr möglicherweise mehrfach behindertes Kind (so die Ärzte) auszutragen. Die es dann doch tat im Vertrauen auf Gottes Möglichkeiten – und ein absolut gesundes Kind bekam. Welch ein Jubel, welch eine dankbare Freude. Doch das war gestern. Zwei Jahrzehnte später ist die Erinnerung daran so gut wie verschwunden – und die inzwischen herangewachsene Tochter weiß nichts davon.

Glaube mir: Ob mit oder ohne übernatürliche Wundererfahrungen – jeder hat seinen ganz eigenen Kampf von Glauben und Unglauben, von Vertrauen und Zweifel auszufechten. Ein echtes Wunder muss nicht per se ein echter „Glaubensvorteil" sein! Dennoch haben alle kleinen und großen Gottesbegegnungen und Glaubenserfahrungen ein Ziel. Sie möchten uns ermutigen und herausfordern, unser Leben vor Gott und in allem auf ihn hin zu leben.

„Gott will heute meinen Weg kreuzen" ist eine (erste) Gewissheit, die wir in jeden Tag neu mitnehmen dürfen. Wenn wir Gott, unseren himmlischen Vater einladen, in diesem Tag zu sein, dann wird er auch dort sein. Wenn wir Gott, unseren himmlischen Vater bitten, uns heute entgegenzukommen in dem, was wir sind und tun, dann wird er uns entgegenkommen in dem, was wir sind und tun. Bitte Gott um offene Augen, ihn zu erkennen, auch in den versteckten Dingen. Bitte Gott um gute Ohren, ihn zu hören, gerade dort, wo er leise spricht. Wer weiß: Vielleicht wird es gerade heute einen Augenblick geben, der dir wie ein kleines oder großes Wunder vorkommt. Dann kneif dich in den Arm und vergewissere dich: Es ist kein Traum. Es ist tatsächlich Wirklichkeit.

„Gott will, dass ich heute lebe!" ist eine (zweite) Gewissheit, die wir jeden Tag neu ergreifen dürfen. Ich durfte heute Morgen meine Augen aufschlagen und er vertraute mir diesen neuen Tag an. Gott, unser himmlischer Vater kennt die (möglichen) Lasten unseres Alltags. Die allzu menschlichen und allzu irdischen Herausforderungen unseres Lebens, an denen wir uns abarbeiten, die uns belasten, die uns gefangen halten, unter denen wir leiden. Gott, unser himmlischer Vater will uns heute den Rücken freihalten, die müden Hände und Füße stärken, den wackeligen Knien festen Halt geben. „Kommt zu mir, die ihr mühselig und beladen seid", sagt Jesus. Denn: „Ich will euch erfrischen!" (Mt 11,28). Laden wir ihn für heute ein: Jesus und seine befreiende Kraft des Heiligen Geistes. Mitten in unseren Alltag zwischen Lust und Last, in Lachen und Weinen. Wo er ist, da ist Vergebung und Versöhnung, da ist Trost und Ermutigung, heilende Kraft und bergender Friede. Gott möchte seinen Anteil dazu geben, dass wir heute als freie und frohe Kinder unseres himmlischen Vaters leben und leben können. Die Freiheit der Kinder Gottes wartet heute auf dich. Ergreif sie!

„Gott möchte heute seine Geschichte mit dir schreiben!" ist eine (dritte) Gewissheit, die jeden unserer Tage begleiten möchte. Gott möchte mit jedem von uns seine ganz eigene Geschichte schreiben. Er weiß, was dazu an persönlicher (kleiner oder großer, natürlicher oder übernatürlicher) Ermutigung, an individueller Herausforderung oder auch an gezielter Zumutung für mich gut und nötig ist. Vergiss nie: Nichts, was in deinem Leben geschieht, passiert zufällig. Nimm es an aus der Hand Gottes, deines dich liebenden himmlischen Vaters. „Wir wissen, dass denen, die Gott lieben, alle Dinge zum Guten dienen müssen", sagt Paulus (Röm 8,28). Nicht immer können wir Gottes Zumutungen verstehen. Nicht immer können wir seine Herausforderungen so einfach und glatt für uns annehmen. Es bleiben auch Dinge, an denen wir uns abarbeiten müssen. Warum wurde Jakobus nur wenige Verse vorher (Apg 12,2) hingerichtet, Petrus aber wundersam befreit? Hat die Gemeinde etwa nicht genug für ihn gebetet? Ich weiß es nicht. Aber ich bin überzeugt: Gott möchte mit jedem von uns seine ganz eigene Geschichte schreiben. Mit jedem von uns hat er sein ganz eigenes Ziel.

Darum: Jeder hat seine ganz eigene Berufung und seinen ganz eigenen Weg mit ihm. Gott weiß, was er tut – und warum er was tut. Gott ist gut. Vertrauen wir ihm einfach. Dem lebendigen Gott, dem nichts unmöglich ist, auch nicht in deinem Leben.

Jeremia

Eigentlich beginnt das 30. Kapitel des Buchs des Propheten Jeremia richtig gut. Es ist seine große Trostschrift an das gebeutelte Volk Israel, das sich zutiefst nach Veränderung, Erneuerung und Wiederherstellung sehnt. Jeremia spricht im Namen Gottes von Errettung und Freiheit: Ich zerbreche das Joch und zerreiße die Stricke. Jeremia spricht von Trost und Gewissheit: Fürchte dich nicht und verzage nicht! Jeremia spricht von Heimkehr, von ruhigem Schlaf und sicherem Leben: Gott ist mit euch! Welch tröstendes und erlösendes Wort im Blick auf die brennenden Wünsche, die tiefen Sehnsüchte und lang gehegten Hoffnungen. Welch ein aufrichtendes und ermutigendes Wort.

Wäre da nicht dieser etwas „ärgerliche" Nachsatz. Gott spricht: „Ich werde dich niemals vernichten. Ich züchtige dich mit dem rechten Maß. Doch ganz ungestraft kann ich nicht lassen". Noch einmal zugespitzt: Nein, vernichten werde ich dich nicht, weil ich dich zu sehr liebe. Aber ich züchtige dich mit dem richtigen Maß, so wie du es brauchst, so wie es dir hilft und so wie du es aushalten kannst. Denn völlig ungestraft kann ich dich eben nicht lassen und ganz ohne kommst du mir nicht davon. (Vielleicht erstmal tief durchatmen!)

Man kann nun lange streiten über Gottes „Pädagogik" im Umgang mit uns Menschen, die augenscheinlich auch auf Züchtigung und Strafe setzt. Man kann auch darüber streiten, ob ich (Michael Jastrow) dieses alte Wort der Bibel denn überhaupt „richtig" gehört und „recht" verstanden habe. Oder ob es nicht doch ganz anders auszulegen ist. Oder besser noch: Ob es nicht schon längst überholt ist, denn dieser Vers gehört schließlich ins Alte Testament – und damit zum Bild eines eben auch strafenden Gottes. Wir aber leben doch vom Neuen Testament und mit dem Bild eines liebenden Gottes, wie gern beteuert wird.

Unstrittig scheint mir zu sein: Wir Menschen lernen nicht nur durch Versuch und Irrtum. Wir lernen auch durch Lohn und Strafe im weitesten Sinne. Wir lernen eben nicht nur durch den Gebrauch von Verstand und Vernunft. Oft genug ist uns das Hemd näher als die Jacke. Ein kurzfristiges (instinktives)

Interesse wichtiger als ein nachhaltiges (vernünftiges) Handeln. In wie vielen Bereichen unseres Lebens ließe sich dieser Satz mit Inhalt füllen: „Wir wissen eigentlich, dass… aber dennoch tun wir ziemlich genau das Gegenteil." „Ich weiß, dass ich eigentlich… aber…!" Immer habe ich „gute" Gründe. Um flotte Ausreden und clevere Ausflüchte sind wir nie verlegen. Wir haben es unser Leben lang trainiert.

Unstrittig aber scheint mir auch zu sein: Wir Menschen verrennen uns. Wir irren und landen in Sackgassen. Manchmal geht es gar nicht anders, als einen Stopp einzulegen, die Richtung zu ändern, die Perspektive zu wechseln. Ein neues Ziel anzuvisieren. Manchmal kommt dies aus uns selbst heraus. „Selbsterkenntnis ist der erste Schritt auf dem Weg zur Besserung", sagen wir. Manchmal müssen wir aber auch von außen dazu angestoßen werden. Darum muss die Frage gestattet sein: Wenn das so ist – was hilft uns dann, anzuhalten und umzukehren, die neue Perspektive zu erkennen und das richtige Ziel anzusteuern?

Auch das Alte Testament versteht Strafe nicht zuerst (oder ausschließlich) als „Sühne" für vorherige Fehler, sondern viel mehr noch als Hilfe zur Umkehr. Einfach gesagt: Gott ist nicht daran gelegen, Verfehlungen und Versäumnisse zu rächen. Gott will, dass wir es in Zukunft besser machen. Eine alte rabbinische Weisheit sagt: „Sünde ist nicht so sehr die konkrete Schuld, die wir begangen haben. Sünde ist vor allem die Tatsache, dass wir um diese Schuld wissen, es aber heute nicht anders oder besser machen". So kann es sein, dass Gott in unserem Leben, in unserer Gesellschaft, im Lauf dieser Welt überraschend und unvermittelt ein Stoppschild aufstellt. Uns ausbremst im immer wiederkehrenden und eingeschliffenen Lauf von Dingen, die am Ende das Ziel verfehlen. Seine Ziele mit uns. Die Frage ist, ob wir ihn im „Ungemach" erkennen wollen, seinen Ruf zur Umkehr und ins Leben heraushören.

„Es ist Gottes Güte, die uns zur Umkehr leitet", weiß das Neue Testament (Röm 2,4). Könnten so plötzliche Lasten oder Krisen in deinem wie unserem Leben im Kern eigentlich eine besondere Zeit der Gnade und Güte Gottes sein? Ein Stoppschild, das den ewig gleichen Lauf der Dinge unterbricht, die Prioritäten hinterfragt? Eine Zeit des Innehaltens, des Neuorientierens und der Zielüberprüfung? „Gott tritt dem Stolzen entgegen, aber dem Demütigen schenkt er Gnade“, heißt es im 1. Petrusbrief (1 Petr 5,5). Ich ahne, dass Demut ein unpopuläres Wort ist. Keiner will gedemütigt werden: „Bin ich denn bescheuert, mir so einen reinjubeln zu lassen?“ Keiner lässt sich gern demütigen: „Das habe ich aber wirklich nicht verdient!“ Gedemütigt zu werden geht gegen unseren Stolz und hat oft den bitterbösen Beigeschmack von Ungerechtigkeit. Darum schlägt der 1. Petrusbrief (1 Petr 5,6) einen anderen gangbaren Weg für uns vor: "Demütigt euch selbst unter die gewaltige Hand Gottes“. Damit bekommen wir ein Stück Eigeninitiative zurück. Wenn wir denn über diese Brücke gehen.

Lassen wir das etwas belastete Wort Demut einmal weg, dann bedeutet dies doch: Erkenne aus eigenen und freien Stücken an, dass Gott der Herr ist. Er hat die Dinge in der Hand – und nicht du (oder wir) selbst. Lass ihn in deinem Leben das erste Wort sprechen und die Grundrichtung angeben. Ja: Das mag gegen unseren Stolz gehen. Aber Gott weiß, worauf wir angelegt sind. Er weiß, was für unser Leben und unsere Lebensgestaltung herauszuholen ist. Er ist der große Architekt auch meines kleinen Lebens. Gott weiß, was für uns gut ist. Nicht nur auf Sicht für heute, sondern auch vorausschauend für morgen. Sein Wort ist immer das Wort des Lebens für uns. Seine Wege versprechen uns Zukunft und enden nicht in Sackgassen. Seine Ziele sind „nachhaltig“ und bedienen nicht nur kurzfristige Interessen. Seine Hand ist größer und stärker und barmherziger, als unsere eigene es je sein könnte. Erkenne an, dass er Gott ist und gib ihm „aus eigenen und freien Stücken“ das Recht, dies auch in deinem Leben zu sein. Dann kann er dich führen. Dann wird er dich führen. Zum Leben und zur Freiheit. Aus der Angst in eine neue Weite. Aus der Trauer in eine zunehmende Freude. Von deinen Irrwegen zu seinen Zielen. Du hast die Freiheit dazu!

Darum: Trau deinem Gott zu, dass er dich führt durch Glück und Unglück deines Lebens, durch die Höhen und Tiefen deiner Tage, durch die Ruhe wie Unruhe deiner Nächte. Vor allem aber: Lass zu, dass er dich korrigiert! Kehr um, wo es nötig und geboten ist! Weil du ihm am Herzen liegst und weil er Gutes für dich will. Der lebensschaffende Gott. Dem nichts unmöglich ist, auch nicht in deinem Leben.

Maleachi

Es war mal die 250.000 Euro-Frage in der Quizshow „Wer wird Millionär?" Der Kandidat war komplett ahnungslos. Stocherte im Nebel. Ein Joker stand nicht mehr zur Verfügung. Er musste passen, zog immerhin mit der Hälfte der Summe davon. Die Frage lautete: Wie heißt das letzte Buch des Alten Testaments? Ich vermute: Nur ein regelmäßiger Bibelleser wird sich erinnern: „Maleachi". Es ist der kleine Prophet Maleachi, der zumindest gefühlt im Jahreslauf des liturgischen Kalenders irgendwie nie auftaucht. Schade eigentlich.

Mich hat dieser Name und das Wissen um dieses kleine biblische Buch von Kindheit an begleitet. Im langen Flur meines Elternhauses hing ein Bild an der Wand. In gestochener Handschrift in schwarz und rot von meinem Onkel gestaltet mit folgendem Zitat: „Euch, die ihr meinen Namen fürchtet, soll aufgehen die Sonne der Gerechtigkeit und Heil unter ihren Flügeln" (Mal 3,20). Unzählige Male bin ich daran vorbeigelaufen. Unzählige Male habe ich es gelesen. Unzählige Male hat es in mir ein bestimmtes, warmes Bild erzeugt. Ein Adler breitet seine mächtigen Schwingen aus und fliegt langsam in die goldene, wärmende Morgensonne hinein. Euch, die ihr meinen Namen fürchtet, soll aufgehen die Sonne der Gerechtigkeit und Heil unter ihren Flügeln! Die alte Bildtafel ist leider irgendwann verloren gegangen. War einfach weg, fand sich zu meinem Bedauern auch im Nachlass meines Vaters nicht wieder. Aber die Erinnerung an dieses fantastische Bibelwort und sein Bild in mir ist geblieben. Es hat sich in mir festgesetzt. Ist mir zum Proviant auf der Reise meines Lebens geworden.

In unserer Kultur sagen wir gern, dass Namen nur Schall und Rauch sind. Das mag in bestimmten Zusammenhängen auch zutreffen. In der biblischen Tradition aber hat der Name eine besondere Bedeutung. Wenn der Name eines Menschen genannt wird, dann wird ein Stück von diesem Menschen „gegenwärtig", dann ist ein Teil dieses Menschen „hier" samt seiner einzigartigen und unverwechselbaren Persönlichkeit. Der Name steht stellvertretend für den Menschen selbst. Das gilt auch vom „Namen" Gottes. Wo Gott genannt und benannt wird, dort kommt er hin, dort ist er selbst. So habe ich dieses Wort des Propheten Maleachi immer als anerkennende

Ermutigung gehört: „Euch, die ihr meinen Namen fürchtet…“. Kein Apell. Keine Aufforderung. Keine Ermahnung. Dies ist eine tröstende Zusage! Wie immer man sie auch übersetzen möchte. Im Sinne Luthers, der dem „fürchten“ auch das „lieben und vertrauen“ an die Seite stellt. Oder im Sinne einer moderneren Sprache, die das „fürchten“ durch „respektieren“ ersetzt. Ich selbst übertrage es gern mit „ehren“: „Euch, die ihr meinen Namen ehrt und ihn heilig haltet in eurem Leben…“.

Wer Gott darin ehrt, dass er seinen göttlichen Namen in Alltag und Tageslauf nennt (etwa im Gebet), der kann und darf damit rechnen, das Gott wirklich da ist. Das ist das erste und grundlegende Versprechen, dass Gott uns hier macht: Gott ist mitten in unserem Alltag, auch jenseits von allen Gefühlen, wo wir seinen Namen ehren, respektieren und „hochhalten“. Gott will heute in deinem Tag sein. Darum nenne seinen Namen. Darum wende dich an ihn. Du darfst ihn den heiligen Gott nennen. Du darfst ihn aber als auch deinen himmlischen Vater, deinen Herrn und Heiland Jesus Christus, als deinen Tröster und Fürsprecher anreden. Der Name des einen lebendigen Gottes ist „dreifaltig und dreieinig“.

Wer Gott ehrt und ihm Raum in seinem Alltag gibt, der hat Anteil an seinem Segen. Der stellt sich unter den großen Bogen seines Segens und seines Friedens. Wo Gott ist, da verströmt er Gutes. Hier wird das Gute konkret benannt als „Gerechtigkeit und Heil“. Gerechtigkeit ist die Antwort auf das, was wir in unserem Leben vielleicht schmerzlich vermissen, was noch offen ist, ungeklärt und unerfüllt. Heil ist die Antwort auf das, was in unserem Leben vielleicht zerbrochen ist, zerschlagen und zerstört, voller Trauer und Tränen. „Euch soll aufgehen die Sonne der Gerechtigkeit und Heil unter ihren Flügeln“: Nein, die Sonne steht noch nicht hoch und strahlend am Firmament, erhebt sich gerade erst über den Horizont. Unerfülltes ist vielleicht immer noch unerfüllt. Schmerzhaftes schmerzt vielleicht immer noch. Zerbrochenes ist vielleicht immer noch kaputt. Aber die Sonne der Gerechtigkeit und des Heils wird aufgehen, sie wird sich erheben, mehr und mehr an Kraft gewinnen. Die Zeit wird kommen. Gott hat uns nicht vergessen. Er hat eine Perspektive für uns, eine Zukunft. Wo Gott ist, da hat all dies bereits begonnen. Nenne seinen Namen – und sein Segen, sein „schalom“ (sein Heil und Frieden) wird heute in deinem Tag sein!

Für mich ist diese ermutigende Segenszusage aus dem Buch Maleachi zu einem besonderen Wort geworden. Ein kostbares Wort, mit dem ich sehr sparsam umgehe. Weil es für mich so kraftvoll ist. Es ist so etwas wie der Notproviant im Rucksack auf der Reise meines Lebens. Ich hole es hervor, wenn mir vieles andere wie Sand zwischen den Fingern zerrinnt. – Hast du auch so ein Wort? Für manche ist es der Tauf- oder Konfirmationsspruch, der einem ganz persönlich „im Namen Gottes" zugesprochen wurde. Für andere ist es vielleicht der Psalm 23: „Der Herr ist mein Hirte!". Welches biblische Wort auch immer es ist: Leg dir einen solchen Notproviant für die Reise deines Lebens an. Ein kraftvolles Wort unseres lebendigen Gottes, das dich trösten und tragen, ermutigen und aufrichten kann, wenn du es brauchst. Lerne es auswendig und schreibe es in deinem Herzen fest.

So konnte ich eben dieses Wort hervorholen, als wir Abschied nehmen mussten von einer Freundin, die wir durch einen Verkehrsunfall verloren. Es der Familie als Gottes tröstende Perspektive und Gottes kommende Zukunft mit auf den Weg geben. So konnte ich das Wort hervorholen für die Familie, die am Sterbebett ihres alten Vaters saß und darauf wartete, dass Gott ihn nach Hause holen würde. Für den Sterbenden, der in der Gewissheit loslassen konnte: „Mich erwartet die Auferstehung in ein neues Leben". Für die Abschiednehmenden, dass die Zeit der Trauer unter genau dieser Zusage des heilenden und „wärmenden" Segens unseres Gottes steht. Ja, dieses Wort hat Kraft, auch im Letzten zu tragen und zu trösten.

Aber nicht nur. Wir dürfen auch im ganz normalen Alltag und unter ganz gewöhnlichen Bedingungen darauf vertrauen, die segnende Nähe unseres Gottes erwarten. Wer das mit offenem Herzen tut, darf sich auch über jene Erfahrung zumindest nicht wundern, die im Nachfolgevers (Mal 3,21) so lebhaft, fast lustig beschrieben wird: „Ihr werdet hinausgehen in euren Alltag und Freudensprünge machen wie Kälber, die aus dem Stall kommen und nach dem Winter wieder auf die Weide gelassen werden". Hast du das schon einmal beobachtet? Was für ein Spektakel. Das ist Lebensfreude pur. Der Hauptgewinn von einer Million Euro!

Darum: Sorge dafür, dass du immer „in Herz und Hirn" einen „Kraftriegel" aus dem Wort des lebendigen Gottes als Notproviant auf der Reise deines

Lebens dabeihast! Denn er ist ein tröstender Gott, dem nichts unmöglich ist, auch nicht in deinem Leben.

Simeon

Der alte Simeon (Lk 2) wusste, wo er mit seinem Herzen zu Hause war. In der Botschaft, in dem Wort, in dem Versprechen, welches Gott ihm einst gegeben hatte: „Du wirst nicht sterben, bevor du den Heiland gesehen hast, den von Gott gesandten Retter. Jesus, den Christus". Das hatte Gott ihm einst in jungen Jahren versprochen. Fest ins Herz geschrieben. Simeon hatte mit diesem Versprechen gelebt. Jahr für Jahr. Ich weiß nicht, wie oft er erwartungsvoll mit wachen Augen und Ohren im Tempel gestanden haben mag. Den Jerusalemer Tempel hielt er sicher für den wahrscheinlichsten Ort. Wenn er kommt – dann würde es dort zur Begegnung kommen. Wie oft mag er voll neugieriger Spannung Gott flüsternd gefragt haben: „Ist es dieser schöne und starke Mann da drüben? Oder jener ansehnliche und anständige Kerl dort? Dem trau ich es zu!" Doch Gott hatte es immer verneint. Nein, dieser nicht. Nein, jener auch nicht. Ihm geduldiges Warten auferlegt.

Darüber war er alt geworden. Die besten Jahre lagen bereits hinter ihm. Aber das fasziniert mich an ihm: Er war gewiss geblieben. Gott hatte es ihm versprochen. Gott würde es auch halten. Er würde den Heiland sehen, bevor er sterben würde. Das hatte er zum Grundtenor seines Lebens gemacht. Vielleicht hat er manches Mal gezweifelt. Gott, habe ich dich wirklich richtig verstanden? Jage ich nicht einem Trugbild nach, einer Illusion, einem Traum, einer bloßen Phantasie? Habe ich mir nur etwas eingebildet? Habe ich einfach ganz menschlich meine eigenen Hoffnungen und unerfüllten Sehnsüchte auf einen leeren Wahn projiziert? Mir vorgemacht, du hättest mit mir gesprochen, mir gar etwas versprochen? Ich kann mir seinen Weg durch die Lebensjahrzehnte kaum ohne solche Fragen und Zweifel vorstellen. Glaubensgewissheit reift immer auch durch Zweifel, durch Anfechtungen, durch Prüfungen, durch Zeiten der Wüste. Am Ende aber war Simeon immer wieder zur Gewissheit zurückgekehrt. Zu dem, was Gott ihm einst versprochen hatte. Er hielt daran fest. Er wollte nicht davon lassen. Bis zum Ende.

Ich sehe ihn vor meinem inneren Auge im Tempel stehen, wie jeden Tag das geschäftige Treiben, das Kommen und Gehen beobachtend. Er sieht die junge Familie da hinten im Gewühl. Sie fragen sich gerade durch nach einem Priester für die Beschneidung ihres Kindes. Muss wohl ein Junge sein. Schön. Fromme Leute. Sein Blick will weiterwandern zu den schönen, starken und ansehnlichen Kerlen im besten Mannesalter. Aber irgendwie kann er seinen Blick von dem kleinen Säugling im Arm der Mutter nicht mehr lösen. „Er ist es", durchfährt es ihn plötzlich, „dies ist der Heiland, auf den du gewartet hast". Leider erzählt das Neue Testament nichts davon, ob jetzt eine innere Diskussion mit Gott losging. Vielleicht: „Dieses kleine Kind? Bist du ganz sicher? Was soll das denn schon bewegen? Ist das nicht viel zu klein und gering, als dass du, der große Gott, sich darin zeigen könnte?" Der Phantasie für eine solche Diskussion sind kaum Grenzen gesetzt.

Das finde ich hier so wohltuend: Simeon muss die Erkenntnis und Gewissheit nicht allein mit sich selbst abmachen. Natürlich: Er muss am Ende ganz allein für sich selbst entscheiden, ob er das Versprechen Gottes in diesem Kind annimmt. Oder ob er nicht doch – sozusagen sicherheitshalber – noch warten sollte, falls da noch etwas – sagen wir – Überzeugenderes kommt. Diese Entscheidung nimmt ihm niemand ab. Doch es gibt für ihn eine Entscheidungshilfe. Ein anderer Mensch. Eine zweite Meinung. Er findet Bestätigung von außen. Durch Hanna, eine ältere Dame von 84 Jahren, wohl noch älter als er selbst. Auch sie ist sich ganz sicher: „Dieses kleine Kind Jesus ist der versprochene Heiland. Von ihm wird Hilfe, Rettung und Erlösung ausgehen. Hier löst Gott sein Versprechen ein." Simeon bleibt mit seinem Vertrauen nicht allein. Er findet jemanden, der mit ihm glaubt.

Vielleicht hast auch du schon einige Lebensjahre auf „dem Buckel" und einiges an Lebenserfahrung „im Gepäck". Vermutlich hast du schon so manches Mal Weihnachten gefeiert und auf das Kind in der Krippe geschaut. Was hast du gesehen? Konntest du in diesem Kind den „Heiland der Welt" erkennen und für dich annehmen? Die leidenschaftliche Liebe Gottes zu uns Menschen spüren und für dich „aufsaugen"? Wie dicht durfte dieses Kind bisher an dich herankommen? Oder hat dein „ach so vernünftiger Verstand" dir sofort signalisiert: Viel zu märchenhaft? Viel zu schön, um wahr zu sein? Viel zu klein und gering? Besser auf etwas anderes zu warten, auch wenn es vielleicht niemals kommt?

Dieses Kind lädt zum Vertrauen ein. Jahr um Jahr. Geduldig. Bis wir ihm eine Chance geben. Auch wenn wir möglicherweise darüber alt werden oder alt wurden. Jesus, der Heiland der Welt – und der Heiland unseres Lebens. Das ist die Botschaft, das Wort, das Versprechen Gottes an uns. Das Versprechen, das ja die meisten von uns (Landeskirchlern) von der Taufe her in sich tragen. Tief in sich schlafend und schlummernd. Bis zu dem Augenblick, wo wir wagen, es zu wecken. Wo wir es zulassen. Wo wir es glauben wollen. Wo wir tatsächlich zu diesem Versprechen Gottes Vertrauen fassen und es vor Gott und uns selbst laut aussprechen: „Jesus Christus, auch mein Herr und Heiland".

Damit wir mit dieser Erkenntnis und diesem Entschluss nicht allein bleiben, nicht in Zweifel, Unglauben und Ungewissheiten zurückfallen, ist Christsein immer auf Gemeinschaft mit anderen Christen hin angelegt. Wir sind nicht zu Einzelkämpfern berufen, sondern gehören zu einer Gemeinschaft der Glaubenden. Suche diese Gemeinschaft! Damit wir es immer wieder mit eigenen Augen sehen, mit eigenen Ohren hören, am eigenen Leib erfahren: Da sind auch andere mit mir auf dem Weg. Da sind auch andere, die an Jesus, den Christus, glauben. Die ihren Alltag mit ihm leben, das Vertrauen auf ihn wagen. Im Leben und im Sterben. Ich bin nicht allein. Nicht mit meinen Gewissheiten. Nicht mit meinen Zweifeln.

Gott hat Geduld und einen langen Atem. Was er verspricht, das hält er. Auch wenn Jahre darüber ins Land gehen. Doch ihm ist nichts unmöglich, auch nicht in deinem Leben.

Nachwort

Die Zukunft - Ein unbekanntes Land

Gott ist unterwegs. Mit leidenschaftlicher Liebe und einem klaren Ruf (Mt 9,35-38).

Er sucht eine neue Generation von jungen wie alten Menschen, die in dieser kaputten Welt die Liebe und Güte unseres himmlischen Vaters offen und offensiv bezeugen.

Er sucht eine neue Generation von jungen wie alten Menschen, die ganz auf Jesus Christus setzen und sich in wirkliche Nachfolge und echte Jüngerschaft rufen lassen.

Er sucht eine neue Generation von jungen wie alten Menschen, die sich von der Kraft des Heiligen Geistes neu und tiefer erfüllen, begaben und freisetzen lassen.

Er sucht Menschen „in den besten Jahren", die leben, was sie glauben. Die glauben, was sie leben. Die leben und glauben, was sie bezeugen. Die bezeugen, was sie glauben und leben.

Wenn du spürst, dass er dich ruft, dann gib ihm dein „Ja". Lass dich herauslocken in die Weite, in das neue und noch unbekannte Land, das Gott dir schenken will!

Danksagung

Ich danke meiner Ehefrau Frauke von Herzen für alle tragende Unterstützung und geschenkte Geduld in den bisherigen 29 Jahren des Kropper Pfarramtes.
Ein herzlicher Dank geht auch an meine Schwestern Gabi und Heidi, die das vorliegende Manuskript korrigierten, redigierten und druckreif machten.